А. В. КРУГЛОВЪ.

ИЗЪ ЗОЛОТОГО ДѢТСТВА.

ПОВѢСТЬ

ВЪ ДВУХЪ

ЧАСТЯХЪ.

Съ 40 рисунками.

МОСКВА.—1912.

Изданіе 6-е книжнаго склада М. В. Клюкина, Пименовскій пер., д. № 9.

Типографія Вильде, Москва, Малая Кисловка, собственный домъ.

Предисловіе къ I-му изданію.

Нѣсколько лѣтъ тому назадъ, въ „Родникѣ“, я началъ печатать рядъ картинокъ изъ моихъ дѣтскихъ воспоминаній, подъ заглавіемъ „Армія и казаки“. Не задаваясь никакою моралью, я намѣревался безхитростно разсказать „о томъ, какъ мы играли въ солдатики“. Внезапная болѣзнь заставила меня прервать наброски, искусственно закончивъ ихъ почти на половинѣ. Въ такомъ видѣ они были изданы редакціей „Родника“ отдѣльной книжкой, подъ тѣмъ же заглавіемъ — „Армія и казаки“. Я уже и не думалъ когдалибо кончать эту „страничку изъ золотого дѣтства“; но тотъ успѣхъ книжки среди маленькихъ читателей, который мнѣ пришлось наблюдать самому, который констатированъ авторами книги „Что читать народу“, и рядомъ одобрительныхъ отзывовъ критики — измѣнили мое намѣреніе. Между тѣмъ вся книжка разошлась; дѣлая новое изданіе ея, я прибавляю къ ней недописанную прежде вторую часть и даю то заглавiе всей повѣсти, подъ какимъ я думалъ выпустить ее ранѣе. Говоря о первомъ изданiи книжки, критикъ („Что читать народу?“) замѣтилъ: „нельзя ни на минуту сомнѣваться, что эти дѣйствительныя воспоминанiя „дѣтства автора“... Совершенная правда: я разсказалъ именно „то, что было, и такъ, какъ оно было“.

А. Кругловъ.

Москва, 1888 г., Декабрь.

Часть первая.

I.

Терка.

Съ самаго ранняго дѣтства я проявлялъ особенную любовь къ военному мундиру. Четырехъ лѣтъ я сѣдлалъ плетеный стулъ и надѣвалъ киверъ изъ сахарной бумаги. Къ семи годамъ я облекся въ полную форму гусара и, сіяя отъ удовольствія, отправлялся на парадный губернскій плацъ. Наслаждаясь маршировкою солдатъ и незатѣйливой музыкой мѣстнаго гарнизона, я воображалъ себя генераломъ, дѣлающимъ смотръ войскамъ.

Я росъ, и вмѣстѣ съ тѣмъ росла во мнѣ любовь къ военной службѣ. Я бредилъ парадами, войной и говорилъ всѣмъ, что непремѣнно буду офицеромъ. Благодаря такой любви, я по своей волѣ засѣлъ за азбуку: во что бы то ни стало, мнѣ хотѣлось прочесть какъ можно скорѣе жизнеописанія различныхъ знаменитыхъ полководцевъ и героевъ.

Девяти лѣтъ я уже читалъ бойко. Получивъ въ

день своего рожденія въ подарокъ отъ матушки „жизнеописаніе Александра Васильевича Суворова", я прочелъ книжку нѣсколько разъ. Еще ранѣе слышалъ объ этомъ русскомъ богатырѣ, но теперь проникся къ нему такимъ уваженіемъ, что порѣшилъ: не было и не будетъ такого героя, равнаго Суворову.

Прошло нѣсколько времени.

Случайно попался мнѣ романъ Загоскина „Юрій Милославскій"; я прочелъ его, многаго, конечно, не понялъ, но личность казака Кирши невольно заняла мое воображеніе.

Я забредилъ казаками и, въ то же время, хотѣлъ быть Суворовымъ... Мои товарищи по школѣ уже давно изъявили готовность устроить настоящее войско, чтобы играть въ войну.

Мы не рѣшили только вопросъ: быть намъ казаками или солдатами. Нѣкоторые изъ товарищей, которыхъ я познакомилъ съ похожденіями Кирши, стояли за казаковъ, но другіе, увлеченные подвигами Суворова и разсказами о севастопольской компаніи, хотѣли быть солдатами.

Наши сомнѣнія рѣшилъ Степанъ Герка, съ которымъ я познакомился совершенно случайно.

Я несъ булки изъ лавки и уже подходилъ къ своему дому, какъ вдругъ большая черная собака набросилась на меня, повалила и вырвала весь узелъ. Въ тотъ самый моментъ, когда я поднялся съ земли, изъ-за угла выскочилъ рыжій мальчишка, безъ шапки, босой, въ одной рубашкѣ и съ палкою въ рукахъ. Онъ ловко перепрыгнулъ черезъ перила палисадника, гдѣ расположилась съ добычей собака, вырвалъ у нея узелъ и, черезъ минуту, уже стоялъ возлѣ меня, подавая мнѣ булки.

— Не тронула еще... не успѣла, — проговорилъ онъ и пошелъ отъ меня.

Я съ уваженіемъ посмотрѣлъ на храбреца, невольно вспомнилъ о Киршѣ и подумалъ: „изъ него непремѣнно впослѣдствіи выйдетъ герой, въ родѣ Кирши“. Сдѣлавъ нѣсколько шаговъ по направленію къ дому, я остановился, обернулся и крикнулъ моему избавителю:

— Мальчикъ!... послушай, мальчикъ!

Онъ остановился.

— Ты не слыхалъ... ты ничего не знаешь про Киршу?

— Что ты говоришь? — промолвилъ незнакомецъ, видимо удивленный моимъ вопросомъ.

— Про Киршу ты ничего не слыхалъ? — повторилъ я.

— Какой Кирша?

— Казакъ славный, храбрый! ты не слыхалъ?

— Нѣтъ!

— И не читалъ про него?

— Я не ученый, — отвѣтилъ мальчикъ.

— И про Суворова не слыхалъ? — продолжалъ я.

— Про генерала? Про Александра Васильевича?

— Да, да... про генералиссимуса?

— Звали-то его какъ: Александромъ Васильевичемъ?

— Да, такъ!

— Слыхалъ! Батька покойный разсказывалъ. У! какой былъ генералъ! Турку и француза билъ, какъ мухъ!

Онъ громко захохоталъ и приблизился ко мнѣ.

— А что? — прибавилъ онъ вдругъ, пытливо глядя на меня.

— Ничего... я вотъ и про Киршу знаю... хочешь, я тебѣ прочту?

— Книжка у тебя есть?

— Есть.

— Пожалуй, прочти, — согласился онъ, почесывая грудь... — Да только же: къ тебѣ приду, аль ты?

— Ужъ лучше ты, — сказалъ я.

— Когда же?

— Когда хочешь.

— Завтра можно.

— Можно и завтра… да какъ тебя зовутъ?

— Меня-то? Теркой.

— Это что же такое: Терка? твоя фамилія?

— Какая тамъ фамилія! просто, такъ, потому я, видишь, какой лицо, что терка… въ самый разъ какъ она… А зовутъ меня Степаномъ.

Онъ указалъ на свое изрытое оспой лицо и съ громкимъ смѣхомъ побѣжалъ отъ меня.

— Я приду… я, вѣдь, знаю тебя!—крикнулъ онъ на бѣгу.—Мамка моя бѣлье у васъ стираетъ,—добавилъ онъ, перелѣзая черезъ перила палисадника и скрываясь за шпалерами густыхъ акацій.

II.

Первый визитъ Степана Терки.

Онъ явился на другой день въ нашъ огородъ и развязно разлегся на травѣ возлѣ парника. Какъ и вчера, онъ былъ босъ, безъ шапки и съ той же палкой въ рукахъ.

Я сбѣгалъ за „Юріемъ Милославскимъ" и сталъ читать тѣ сцены, гдѣ дѣйствующимъ лицомъ является Кирша.

— А это все правда?—спросилъ Степанъ, когда я кончилъ.

— Развѣ станутъ писать въ книгахъ неправду?—отвѣтилъ я.

— А то будто и нѣтъ?—насмѣшливо возразилъ Терка. — Спиридонычъ, здѣшній дьячекъ, говоритъ: мало ли вздору въ книгахъ; онѣ для потѣхи и пишутся... Вотъ священная книга—другой резонъ, та не вретъ, потому та — церковная, святая книга... А твоя, не церковная? Да?

Онъ заглянулъ въ книгу и убѣжденно закончилъ:

— Такъ и есть, не церковная! У той, братъ, буквы не такія. Я хотя и не ученый, а сразу различить могу: тѣ буквы—у церковной-то—не въ примѣръ красивѣе, рисованныя, красныя... а эти—нѣтъ.

Озадаченный такими словами, я не зналъ, что отвѣтить Степану, и побѣжалъ домой за помощью къ матушкѣ. Она сказала мнѣ, что священная книга, дѣйствительно, правдивая, но и эта, надо думать, не лжетъ, потому что „историческая", а „исторія—вѣдь, самъ знаешь—наука", заключила матушка.

Я вернулся въ огородъ и сообщилъ Степану, что и моя книга правдивая, потому что историческая, а „исторія,—наука, и ученые такіе люди, которые лгать не станутъ".

— А-а!—промолвилъ Степанъ,—не станутъ?

— Не станутъ, это люди умные... ихъ всѣ почитаютъ!

— Ишь-ты! Ну, коли такъ, молодецъ этотъ Кирша,—вѣско произнесъ Степанъ.—А что, онъ теперь живъ?

— Гдѣ же, что ты! вѣдь, это было больше 200 лѣтъ тому назадъ!

— Во когда!.. Ну, стало быть, померши...

Онъ подумалъ съ минуту и произнесъ:

— А что: теперь такіе люди бываютъ? Какъ ты думаешь?

— Надо полагать... отчего же имъ не быть?—отвѣтилъ я нерѣшительно.

— Бываютъ!—радостно воскликнулъ Степанъ.—А что, если я буду такимъ?

Онъ приподнялся съ земли и, улыбаясь, прибавилъ:

— Ты еще не знаешь меня: я—у, какой! Я, братъ, храбрый! Я, вѣдь, братъ, ничего не боюсь!

Онъ почесалъ шею, застегнулъ воротъ рубахи и еще самодовольнѣе, еще съ большею гордостью сообщилъ мнѣ, что его мамка—силачка, ѣстъ не меньше пильщика, работаетъ за троихъ, что его отецъ былъ гренадеръ, имѣлъ четыре ордена и колотилъ турокъ и французовъ.

— Вотъ, братъ, какъ!—продолжалъ онъ;—мы всѣ таковы! Я, братъ, тоже сильный... я тебя пальцемъ сшибу! Я, братъ, лягухъ за пазуху сажаю... я — у! какой!

Онъ прищелкнулъ языкомъ и снова легъ на траву.

Я смотрѣлъ на него и все болѣе и болѣе убѣждался въ томъ, что это настоящій Кирша.

— Ты не боишься такъ-то ходить? — спросилъ я его.

— Какъ такъ-то?

— Босикомъ? долго ли ногу порѣзать!

— А тебѣ еще сапоги надо? Ишь, нѣженка-барченокъ! Я, братъ, не такой... я привыкъ! Сунься-ка теперь: сапоги-то кусаются! А на долго ль ихъ? Живо истреплешь сапоги! да зачѣмъ они? Намедни, я какъ на гвоздь напоролся — страсть! И ничего: похлесстала кровь — и все!

— А простуда?

— Я развѣ — ты? Я, братъ, не такой! Я осенью, на Покровъ день, по самое брюхо въ рѣкѣ брожу — и ничего! Разъ, точно, трясучка взяла... да что! Потрясла, потрясла — и перестала. А я опять пошелъ!.. И послѣ того ни, ни... видитъ, что не боюсь... и бросила!

— Ты непремѣнно будешь Киршею! — воскликнулъ я восторженно.

— И буду!.. ты знаешь Прилуки?

— Знаю.

— Хочешь, я оттуда лошадь приведу?

— Зачѣмъ же?

— Такъ вотъ! Возьму изъ ночного — и приведу. Я ѣзжу ловко!

— Нѣтъ, не надо... я такъ тебѣ вѣрю.

— То-то! я, братъ, у, какой! Всѣ говорятъ, что я отчаянный... и это вѣрно!

— Мать, поди, рада этому? — не безъ зависти замѣтилъ я.

— Она, братъ, вотъ что говоритъ: разный, говоритъ, головорѣзамъ конецъ бываетъ: на хорошее пойдутъ — добромъ кончатъ, а то и гибнутъ... Только я, братъ, худо дѣлать не стану. Къ примѣру сказать: я тебя развѣ обидѣлъ?

— Нѣтъ, не обидѣлъ.

— Я за тебя заступился! и всегда такъ буду дѣлать: кто послабѣе—за того и заступлюсь.

— А съ кѣмъ же ты играешь?—спросилъ я Степана.

— Нѣшто ребятъ здѣсь мало! Только и не со всѣми...
больше съ Петрухой колбасникомъ, да съ Федоромъ
изъ сливочной дружусь!.. Это ребята настоящіе.

— Сильные?

— И сильные, и не трусы!

Онъ помолчалъ и спросилъ въ свою очередь:

— А ты съ кѣмъ дружишься?

— Съ Ваней...

— Это племянникъ Вукуловъ? Чиновника горба-
таго сынъ?

— Да, онъ!.. Еще Лавдовскіе—Гриша и Паня.

— И всѣ?

— Вчера съ Костей Ратовымъ познакомился...
Степанъ сдѣлалъ презрительную гримасу.

— Это мразь! гдѣ у него силенка?.. И какъ ты
играешь съ нимъ? въ куклы?

— Это съ чего?—обиженно промолвилъ я.

— А то какъ же?

— Какъ? мы скоро армію составимъ... будемъ
играть въ войну!

— Ну, армія!.. — захохотавъ, воскликнулъ Терка; — я ее одинъ въ плѣнъ возьму!

— Да я еще не всѣхъ перечислилъ... Еще Бунаковы съ нами же, Корытовъ, Шульцъ старшій, Доброумовъ, Глушицкій... Засѣцкій Коля, знаешь?

— Этого знаю... это — парень дюжій!.. вотъ это силачъ!.. А все-таки, знаешь что мы васъ переборемъ!.. Вѣдь, и я не всѣхъ сказалъ... то дружки... а такъ-то, знакомыхъ сколько! Давай-ка, чья возьметъ?

— Зачѣмъ же такъ, — возразилъ я, — лучше къ намъ иди... мы тебя начальникомъ сдѣлаемъ!

Онъ подумалъ съ минуту.

— Такъ — не рука! Вамъ подо мной будетъ трудно... Я, братъ, шутить не люблю! Да и не хочу мѣшаться съ вами! Лучше вотъ какъ: я наберу своихъ ребятъ, ты своихъ, и будемъ воевать за одно, но особливо.

— Вы будете кто же: казаки?

— Пожалуй, и такъ! А вы солдаты... Казаки — ухари: мы будемъ ими.

На томъ и порѣшили.

Черезъ три дня, мы всѣ собрались вмѣстѣ въ огородѣ и окончательно обсудили дѣло. По общему рѣшенію, Степанъ долженъ былъ въ своемъ огородѣ (на островкѣ, въ ивахъ) заложить *Сѣчь* и становился атаманомъ, а мы — образовали армію, при чемъ командиромъ былъ выбранъ Коля Засѣцкій, какъ самый сильный и ловкій изъ насъ.

III.

Мы устраиваемся.

Степанъ Терка, принявшій имя Степана Нападайко, набралъ въ свою команду десять человѣкъ, не считая при этомъ себя и своего эсаула Петрухи, который былъ названъ Петромъ Помогайко. Сверхъ этого, еще былъ избранъ *писарь*—сынъ мѣстнаго дьячка, ученикъ духовнаго училища. Онъ зналъ кое-что о запорожцахъ и Сѣчи. Этотъ пономаревичъ объяснилъ атаману, что фамиліи должны оканчиваться на *ко*, потому-де, что почти всѣ малороссійскія фамиліи оканчиваются на *ко*. Самъ себя онъ назвалъ Заправляйко.

Небольшой островъ на пруду, окруженный ивами, былъ укрѣпленъ при помощи мусора и щебня. Изъ ивъ сдѣланъ шалашъ, а посреди острова, въ разныхъ направленіяхъ, устроено нѣчто въ родѣ оконовъ. Устроили даже запруду, чтобы *чужіе люди* не могли попадать на островъ. Сами казаки должны были пробираться или на челнахъ (собственно—на ветхой калиткѣ, брошенной за негодностью), или по мосту, устроенному изъ досокъ и легко разбиравшемуся.

Въ то самое время, какъ устраивалась Сѣчь, шли работы и у насъ. Намъ хлопотъ было еще болѣе, чѣмъ казакамъ... Уже одна вербовка солдатъ,—при маломъ знакомствѣ съ уличанами,—заняла ровно пять дней. Зато намъ удалось образовать армію въ 18 человѣкъ, изъ которыхъ 16 составляли, собственно,

рядовую армію, а 17-й, вмѣстѣ съ генераломъ—начальство. Этимъ семнадцатымъ, т.-е. адъютантомъ къ
генералу, сдѣлали Гришу Лавдовскаго, гимназиста
3-го класса. Всю армію раздѣлили на два корпуса,
по 8 человѣкъ каждый; корпусъ раздѣлялся на два
полка, по 4 человѣка въ полку; два же человѣка
составляли роту. Офицеровъ пока не полагалось, всѣ
мы считались равными и подчинялись непосредственно
генералу, который давалъ уполномочія адъютанту.

Когда войско было сформировано, приступили къ
его вооруженію и обмундированію. Я вооружился

игрушечнымъ ружьемъ. по виду совершенно похо-
жимъ на настоящее; оно стрѣляло горохомъ и проб-
ками. Остальные вооружились, просто. вытесанными
палочками съ острыми концами. Кивера подѣлали
изъ бумаги, погоны тоже. У Коли Засѣцкаго былъ
уланскій мундиръ, и онъ облекся въ него, прицѣпивъ
саблю и повѣсивъ на грудь ордена. Адъютантъ получилъ одинъ крестъ за „распорядительность по сфор-
мированію арміи".

Показавъ намъ ружейные пріемы (для чего *генералъ*
дважды посѣщалъ отставного унтеръ-офицера Леон-
тьича), Засѣцкій сдѣлалъ смотръ и, затѣмъ, приказалъ приступить къ постройкѣ шалашей, гауптвахты
и крѣпостей, а самъ съ Гришей принялся составлять

военные законы. Шалаши были живо сделаны изъ ивъ, въ гауптвахту превращена баня, а крѣпость выстроена изъ хворосту и досокъ и представляла изъ себя довольно длинную галлерею, закрытую со всѣхъ сторонъ, съ узенькими окошками въ стѣнахъ и съ шалашикомъ на крышѣ; этотъ верхній шалашъ оканчивался башней, на которой и утвердили флагъ изъ двухъ цвѣтовъ: бѣлаго и краснаго. Генералъ очень внимательно осмотрѣлъ работы, похвалилъ насъ за прилежаніе и отдалъ приказъ, — чрезъ два дня собраться у крѣпости для выслушиванія законовъ и присяги.

Въ этотъ самый день въ арміи возникъ вопросъ: а гдѣ же король? Нуженъ король, потому что генералъ не имѣетъ права издавать законы.

— Кому же будемъ присягать? — говорилъ Шульцъ. — Генералу? Да это никогда не дѣлается.

— Конечно, конечно, — подтвердилъ и Паня Лавдовскій. — Не правда ли? — обратился онъ ко мнѣ.

— Правда, согласился я.

— Надо заявить это *имъ*, — рѣшили мы, подразумѣвая подъ этимъ словомъ нашихъ начальниковъ.

И заявили.

— Мы думаемъ, — отвѣтилъ намъ Засѣцкій.

— Нечего думать, иначе нельзя и я иначе присягать не буду! — твердо заявилъ Шульцъ.

— Что? не повиноваться начальству! — грозно крикнулъ Засѣцкій. — Ты такъ и потомъ будешь себя держать? Тогда что же такое выйдетъ?

— Я еще не присягъ, — отвѣтилъ Шульцъ, — и потому могу говорить... Когда приму условія и соглашусь имъ слѣдовать, тогда обязанъ буду повиноваться, а теперь еще я свободенъ и потому говорю, что безъ короля я не буду служить.

— И я тоже! — поддакнулъ Паня Лавдовскій, обиженный тѣмъ, что не онъ, а его братъ, попалъ въ адъютанты.

— И мы! мы также! - закричали другіе.

Видя такое общее желаніе, Засѣцкій и Гриша рѣшили исполнить его. Только вмѣсто короля они предложили избрать королеву, извѣстную всѣмъ намъ гимназистку, Аню Соколову. Это была очень красивая, высокая и стройная дѣвочка.

— Къ ней чрезвычайно пойдетъ королевская корона,—сказалъ Гриша…—Хотите?

— Хотимъ!—отвѣтили мы.

Начальники въ этотъ же вечеръ приступили къ переговорамъ… Анюта долго не соглашалась; наконецъ, Коля Засѣцкій уговорилъ ее. Гриша собралъ насъ и объявилъ объ избраніи королевы Анны I.

— Да здравствуетъ королева! - крикнулъ онъ.

— Да здравствуетъ королева' — подхватили мы дружно.

— Завтра, въ 12 ч., собраться здѣсь!—отдалъ приказъ адъютантъ.—Вамъ прочтутъ законы, и вы присягнете королевѣ. Она будетъ сама здѣсь.

На другой день, очень рано, мы собрались у крѣпости, въ парадной формѣ. Адъютантъ прибылъ въ 11, а генералъ въ 12 часовъ. Королева нѣсколько запоздала. Оказалось, что насилу могли достать костюмъ изъ парикмахерской… Безъ манти королева не хотѣла являться, и пришлось обѣгать семь парикмахерскихъ. Только въ одной оказался порядочный костюмъ. Корону приготовила изъ золотой бумаги подруга Ани.

Въ началѣ перваго показалась въ калиткѣ королева… Генералъ скомандовалъ на караулъ и далъ знакъ музыкантамъ. Забили въ барабанъ, Шульцъ заигралъ на гребенкѣ, приложивъ къ ней пропускную бумагу, мы закричали неистово „ура!"

Торжественно прошла мимо насъ королева и сѣла въ кресло, поставленное въ тѣни тополей… Генералъ вручилъ рапортъ королевѣ и затѣмъ, по данному ею знаку, вызвалъ адъютанта, который и прочелъ законы, составленные вмѣстѣ съ генераломъ и утвержден-

ные собственноручною подписью королевы. Уставъ состоялъ изъ слѣдующихъ 6-ти пунктовъ:

§ 1. Законъ составляется генераломъ, при содѣй-

2*

ствіи адъютанта, и входить въ силу по утвержденіи королевою. Только въ военное время генералъ пользуется неограниченной властью.

§ 2. Вся армія безусловно подчинена генералу какъ въ военное, такъ и въ мирное время. Въ свое отсутствіе генералъ ставитъ вмѣсто себя своего адъютанта, которому армія подчиняется, какъ самому генералу.

§ 3. За храбрость и мужество, оказанныя въ сраженіяхъ, будутъ выдаваться кресты, медали, ордена и чины.

§ 4. За преступленіе, неповиновеніе — виновные подлежатъ суду. Королева можетъ утвердить или отмѣнить приговоръ суда—помиловать.

§ 5. Незначительные проступки судитъ одинъ адъютантъ. Въ свою очередь, и адъютантъ и генералъ подлежатъ суду, которому предать ихъ можетъ лишь сама королева.

§ 6. Смертная казнь безъ суда и безъ утвержденія королевы—ни въ какомъ случаѣ не допускается.

— Слышали?—крикнулъ генералъ, когда адъютантъ кончилъ чтеніе и отошелъ въ сторону.

— Слышали, ваше превосходительство! — отозвались мы.

— Теперь присягните!—торжественно сказалъ генералъ.

Мы преклонили головы предъ королевой и дали слово исполнять законы. Генералъ и адъютантъ принесли присягу каждый отдѣльно, подойдя къ королевѣ и поцѣловавъ ея руку. Послѣ всего этого, съ знаменемъ, нѣсколько наклоненнымъ, и съ ружьями на караулъ, армія прошла мимо королевы, оглашая воздухъ криками „ура". У конца огорода армія раздѣлилась на двѣ части, встала по обѣ стороны тропинки и пропустила королеву. Опять крики и опять музыка. Генералъ проводилъ королеву до крыльца и, вернувшись, объявилъ, что ея королевское величество жалуетъ на каждаго солдата по горсти орѣховъ и даетъ день для отдыха. Вечеромъ каждый изъ насъ получилъ обѣщанную порцію кедровыхъ орѣховъ, купленныхъ королевою на свой счетъ.

На другое утро изъ Сѣчи прибылъ есаулъ съ письмомъ къ королевѣ... Она приняла письмо и велѣла благодарить атамана. Къ вечеру, для отдачи визита отъ арміи, былъ отправленъ адъютантъ, котораго атаманъ принялъ лично.

IV.

Война объявлена.

Жили мы цѣлую недѣлю мирно, учились военнымъ пріемамъ два раза въ день, утромъ и вечеромъ, отправляли караулъ на гауптвахтѣ и въ крѣпости (ночью караула не было). Во время дождя позволялось уходить въ гауптвахту. Надо удивляться тому терпѣнію, съ какимъ мы несли эти караулы.

По желанію королевы, генералъ посылалъ меня и обоихъ Бунаковыхъ въ подгородній монастырскій садъ за цвѣтами. Мы исполнили приказъ, совершивши десятиверстную прогулку. За это намъ была объявлена королевская благодарность.

Между тѣмъ, въ Сѣчи шли дѣла совершенно иначе, чѣмъ у насъ. Тамъ казаки не держали такихъ карауловъ, какъ мы, не производили ученія, а упражнялись въ бѣгѣ, въ плаваніи, лазаніи и три раза нападали на ближайшіе деревенскіе огороды, таская только что показавшуюся морковь, связывая собакъ, выкрашивая ихъ въ разные цвѣта... Все это дѣлалъ Степанъ Нападайко, смѣящійся надъ бабьей арміей, которая только упражнялась въ маршировкѣ.

Многіе изъ нашихъ роптали на армейскіе порядки и находили, что глупо сидѣть сложа руки да заниматься безсмысленными караулами бани и сада... Одинъ изъ рядовыхъ, Карпуша Черный, осмѣлился прямо заявить генералу о томъ, что надо дѣйствовать и не отставать отъ казаковъ.

— Какъ ты смѣешь разсуждать!—грозно крикнулъ генералъ.—Ты возстаешь противъ распоряженія королевы и заслуживаешь преданія суду. На первый разъ я ограничусь меньшимъ наказаніемъ: ты назначаешься въ караулъ на гауптвахту на тройной срокъ.

— Я...

— Не разсуждать!

И Черный замолчалъ.

Надо замѣтить, что, съ образованія арміи, Гриша Лавдовскій и Засѣцкій вдругъ начали держать себя совершенно иначе, желая дать почувствовать свое главенство. Другой тонъ, другой взглядъ! Закричатъ — и боишься, будто не по своей волѣ подчиняешься, а несешь настоящую службу.. Даже на Анюту мы стали смотрѣть иначе: вѣдь, отъ нея все теперь зависѣло!

Не смѣя выражать своихъ мыслей передъ *начальствомъ*, армія продолжала роптать втихомолку.

— Это ни на что не похоже! — ворчалъ Черный, ставя на мѣсто ружье и снимая бумажную кепи.

— Что такое?—спросилъ я.

— Ученье, ученье, и больше ничего!

— Чего же ты хочешь?

— Войны! Смотри—казаки! Любо!.. Съ этой дѣв

чонкой, — громче замѣтилъ онъ, — мы и сами скоро превратимся въ дѣвченокъ!

Ратовъ испуганно обернулся назадъ. Но ни генерала, ни его адъютанта не было близко.

— Ну, смотри!—замѣтилъ Ратовъ:—попадешься!

— За что? развѣ не правда? Да и пускай: я уйду въ Сѣчь, тамъ гораздо лучше.

— За побѣгъ ты будешь жестоко наказанъ.

— Эва! Да развѣ Сѣчь меня выдастъ?

Но Черному не пришлось бѣжать; его желаніе исполнилось: черезъ три дня было рѣшено объявить войну слободскимъ ребятамъ. Рѣшила сама королева и вотъ по какому случаю. Слободчане постоянно отличались буйствомъ и забіячествомъ... Чаще всего они обижали дѣвочекъ. Вечеромъ того дня, когда Черный собирался бѣжать къ казакамъ, слободчане облили водой двухъ дѣвочекъ, возвращавшихся домой отъ Анюты Соколовой. Когда эта узнала про нападеніе слободчанъ, она рѣшила наказать ихъ. Призвавъ генерала, она объявила ему:

— Собирайте армію и проучите слободчанъ... Да хорошенько!..

— Отличное дѣло, — отвѣтилъ генералъ: — армія давно уже хочетъ войны.

Узнавъ о нашемъ намѣреніи воевать съ слободчанами, Сѣчь предложила намъ свои услуги. Генералъ нашелъ помощь не лишнею, но повергнулъ свою мысль на разсмотрѣніе королевы. Та согласилась съ мнѣніемъ генерала и прибавила:

— Я увѣрена, что побѣда будетъ за нами; но миръ можетъ быть заключенъ только при томъ условіи, если они обяжутся никогда впередъ не трогать ни одной дѣвочки, проходящей Слободою.

Генералъ отправилъ Паню Лавдовскаго съ отвѣтомъ въ Сѣчь. Предложеніе казаковъ принималось и атаманъ приглашался для совѣщаній относительно предстоящей войны. Когда программа была выработана генераломъ и атаманомъ, отъ насъ отправился посланецъ къ слободчанамъ, чтобы объявить имъ войну. Роль посланца по жребію досталась Карпушѣ Черному. Онъ явился въ Слободу, созвалъ четырехъ коноводовъ и спросилъ ихъ, зачѣмъ они облили водою двухъ дѣвочекъ.

Ему отвѣтили какой-то дерзостью.

— Тище!—крикнулъ на нихъ Черный;—я посолъ королевы и за каждую грубость вы отвѣтите передъ арміей!

Слободчане уже знали и объ арміи, и о Сѣчи.

— Убирайся ты по добру, по здорову!—промолвилъ одинъ изъ слободчанъ. —А то мы вздуемъ тебя такъ, что впередъ не захочешь!

— Вы вотъ какъ! Знайте же: наша королева объявляетъ вамъ войну... мы — враги...

Боясь, однако, чтобы и въ самомъ дѣлѣ не пришлось попробовать угощенія, Черный поспѣшилъ домой.

— Скажи ты своей королевѣ, что и ей то же будетъ, если она покажется къ намъ! — крикнулъ какой-то слободчанинъ вслѣдъ удалявшемуся Карпушѣ.

Черный сообщилъ генералу объ угрозѣ слободчанъ.

— Имъ не удастся исполнить, - гордо сказалъ генералъ.

Когда, въ этотъ же вечеръ, королева отправилась ко всенощной, ее провожали три казака и трое рядовыхъ. Они дождались окончанія всенощной и точно такъ же проводили королеву домой.

Мы начали готовиться къ войнѣ. Генералъ въ одинъ день сдѣлалъ намъ три ученья: мы скакали черезъ канавы, лазили по деревьямъ, крышамъ сараевъ и срубу, ползали на животѣ и на четверенькахъ... Вечером явилась королева *для смотра* и лично объявила намъ о войнѣ.

— Ура!—закричали мы.

— Солдаты! — сказала она, — вы идете защищать слабыхъ — и, нѣтъ сомнѣнія, заставите уважать свое имя!

— Ура!—было отвѣтомъ на эти слова.

Королева удалилась, и генералъ объявилъ намъ, что завтра, въ 8 часовъ утра, мы выступаемъ въ походъ.

V.

Битва у Слободского колодца. — Замиреніе.

Съ краю земли,
Въ знойной пыли,
Звукъ,
Стукъ
Слышенъ издали.
То не обманъ,
Тамъ
Къ намъ
Съ западныхъ странъ
Вышли полки,
Блещутъ штыки,
Въ строй!
Въ бой!
Близки враги.

Гр. Голенищевъ-Кутузовъ.

олнце лѣниво подымалось изъ-за опушки лѣса. Вся армія уже собралась у крѣпости. Мы были вооружены палками, запаслись *ядрами*, *пулями* и веревками. Вмѣсто бумажныхъ кепи — обыкновенныя шапки, погоны сняты.

Армія была въ походной формѣ.

Адъютантъ сидѣлъ на пнѣ старой рябины и что-то чертилъ на бумагѣ карандашомъ.

Поджидали генерала.

— А что, казаки уже готовы? — спросилъ я у Пани Лавдовскаго.

— Давно, — отвѣтилъ онъ. — Они дожидаются насъ за мартыновской баней... Говорятъ, мы тамъ соединимся съ ними.

Послышался пронзительный свистокъ, и невдалекѣ показался генералъ.

— Въ ряды! стройся!—закричалъ адъютантъ, скакивая съ мѣста.

Мы быстро выстроились.

— На караулъ!—скомандовалъ онъ, когда генералъ приблизился.

Этотъ послѣдній поздоровался съ нами, принялъ отъ адъютанта чертежъ и, просмотрѣвъ его, промолвилъ:

— Вѣрно?

— Вполнѣ, ваше превосходительство!

— Хорошо!

Онъ помолчалъ съ минуту и тихо отдалъ приказъ Гришѣ:

— На плечо!

— На пле-е-чо!—скомандовалъ Гриша.

Мы взяли ружья „на плечо" и, затѣмъ, генералъ обратился къ намъ съ слѣдующей рѣчью:

— Солдаты! вы въ первый разъ идете въ огонь... но я увѣренъ, что вы сумѣете или побѣдить, или умереть съ честью! Наше дѣло правое! Не изъ корысти начинаемъ мы войну... Мы идемъ защищать слабыхъ и дать имъ спокойствіе на будущее время!..

Онъ оставился на минуту.

Не знаю, что чувствовалъ Коля Засѣцкій, разы-
грывавшій роль полководца, но я съ дрожью въ тѣлѣ
слушалъ это воззваніе. Сердце мое билось, замирало,
я былъ близокъ къ тому, чтобы *совсѣмъ повѣрить
игрѣ, какъ правдѣ*. И, конечно, не я одинъ находился
въ такомъ состояніи.

Генералъ продолжалъ.

— Биться до послѣдней капли крови! Не выда-
вать своихъ, бить враговъ лихихъ; кто бьется—того
бить, кто сдается—того щадить... Команду знать, пла-
на не забывать... Пароль—„всѣ за одно".

— Ура!—закричали мы.

— Нуженъ охотникъ!—сказалъ генералъ; — най-
дется ли такой храбрецъ, что согласится исполнить
опасное дѣло?

— Я!—крикнулъ первый Черный.

— Я!.. я!.. я!..—раздалось нѣсколько голосовъ.

— Молодцы!—одобрилъ генералъ и прибавилъ:

— Черный, выходи!

Черный вышелъ изъ строя.

— Молодецъ!—похвалилъ опять генералъ;—испол-
ни все, какъ слѣдуетъ, и ты будешь награжденъ.

— Радъ стараться, ваше превосходительство!

— Знаешь ли ты слободскіе мостки, идущіе черезъ канаву (собственно — доски, утвержденныя на
деревянныхъ козлахъ)?

— Знаю, ваше превосходительство!

— Отправляйся туда, но такъ, чтобы непріятель
тебя не видѣлъ, вынь колышки, разрушь мостки. Тебѣ
придется пробираться по задамъ дворовъ .. Если слободчане увидятъ, тебѣ будетъ плохо!

— Это было бы лучше сдѣлать вчера вечеромъ, —
тихо замѣтилъ адъютантъ.

— Да, но я забылъ, — отвѣтилъ генералъ, хму-
рясь.—Иди,—приказалъ онъ Карпушѣ.—Когда все ис-
полнишь, возвращайся къ намъ, мы будемъ у перваго колодца.

По уходѣ Чернаго, генералъ развернулъ чертежъ и показалъ намъ, какъ расположены дворы въ Слободѣ, гдѣ и что находится и какъ лучше спасаться въ случаѣ пораженія. Этотъ чертежъ набросалъ адъютантъ со словъ атамана, отлично знавшаго каждый вершокъ непріятельской земли.

Предполагалось дѣйствовать слѣдующимъ образомъ: казаки спускаются въ ровъ, находящійся за дворами, и, пройдя по его дну, образуютъ засаду за ивами, у канавы, черезъ которую проложены мостки. Эти мостки Черный разломаетъ.

Армія же раздѣляется на двѣ части: пять человѣкъ (впослѣдствіи, съ Чернымъ, 6) располагаются у колодца, а десять ложатся за кустарниками, влѣво отъ колодца, саженяхъ въ десяти-двѣнадцати. Генералъ и адъютантъ будутъ раздразнивать слободчанъ и вовлекать ихъ въ битву. Когда непріятель войдетъ въ азартъ и начнется бой, всѣ восемь человѣкъ бросаются въ бѣгство, оставляя за собою, ближе къ дворамъ, засаду. Она быстро выскакиваетъ, перебѣгаетъ дорогу и отрѣзываетъ отступленіе прямо и вправо. Тогда враги, вѣроятно, бросятся влѣво, чтобы черезъ мостки убѣжать на свои дворы. Но мостковъ — нѣтъ. Они бросаются въ канаву, но прежде, чѣмъ успѣваютъ выбраться, казаки ударяютъ на нихъ.

Этотъ планъ, выработанный сообща атаманомъ и нашими начальниками, былъ утвержденъ королевой и всѣмъ намъ показался отличнымъ.

— Ловко проведемъ ихъ! — восхищался Паня Лавдовскій…

Въ исходѣ девятаго часа мы выступили въ походъ.

Въ то самое время, какъ мы перебирались черезъ пожню къ колодцу, казаки и десять нашихъ солдатъ двигались по рву, откуда наши должны были пробираться ползкомъ до своей позиціи за кустами.

Явился вопросъ: исполнитъ ли Черный порученіе удачно и разгорячатся ли слободчане?

Два мальчика сидѣли въ Слободѣ на валу, у огорода, когда мы подошли къ колодцу. Замѣтивъ насъ, оба мальчика привстали и начали всматриваться.

— Гдѣ же ваше войско? — закричалъ адъютантъ.

Мальчики быстро скрылись за тыномъ

Прошло минутъ десять. Все было тихо. Никто не показывался; Черный еще не возвращался.

Намъ отданъ приказъ выстроиться, а начальники отправились къ дворамъ непріятелей, съ цѣлью вызвать послѣднихъ на бой.

— Если никто не выйдетъ, — послѣдовалъ новый приказъ, — присоединийте засаду, идите къ намъ, а казаки пусть нападутъ съ боку.

Но не успѣли наши начальники пройти и половины разстоянія, раздѣлявшаго насъ отъ непріятельскихъ домовъ, какъ изъ-за вала показалась кучка слободчанъ, человѣкъ въ двѣнадцать. Впереди шли два взрослые парня — коноводы во всѣхъ дракахъ и буйствахъ.

Мы шли твердо впередъ. Уже не болѣе восьми шаговъ отдѣляло насъ отъ двигавшейся толпы слободчанъ...

И мы и они остановились.

— Что вамъ нужно? — закричалъ одинъ изъ коноводовъ, по имени Климъ Шестипалый.

— Зачѣмъ вы обижаете дѣвочекъ? — крикнулъ въ отвѣтъ генералъ.

— А вы что за защитники дѣвчонокъ?

— Да, вѣдь, онъ — бабье войско! — промолвилъ кто-то сзади коновода.

Послышался смѣхъ.

— А вотъ мы вамъ покажемъ, какое мы бабье войско, — отвѣтилъ генералъ и, выхвативъ изъ-за пазухи картофелину, пустилъ ее въ коновода. „Пуля" ударилась прямо въ носъ.

Въ толпѣ поднялся крикъ.

Генералъ и адъютантъ послали въ подарокъ еще

нѣсколько „пуль“. Тогда слободчане съ ревомъ ринулись впередъ.

Въ эту самую минуту, Карпушка Черный какъ
изъ земли выросъ сзади насъ.

— Кончено!—радостно заявилъ онъ.

— Ура а!—заорали мы и дружно бросились на слободчанъ.

Завязалась битва. Высокій коноводъ нанесъ такой ударъ нашему генералу, что тотъ едва устоялъ на ногахъ. Шестипалый хотѣлъ повторить ударъ, но Глушицкій былъ уже возлѣ генерала, и они оба бросились на коновода.

Дѣло перешло въ рукопашную. Старались смять другъ друга. Шестипалый грохнулся о землю и увлекъ за собою Глушицкаго; двое слободчанъ подскочили къ своему на помощь, но я съ Паней Лавдовскимъ ловко подставили имъ ноги,—и они кувыркомъ полетѣли черезъ лежавшихъ; Глушицкій успѣлъ подняться, и мы всѣ трое ринулись на коновода; на упавшихъ слободчанъ налетѣлъ Карпушка Черный и схватилъ обоихъ за вороты ихъ рубашекъ.

Мы повалили Шестипала о и въ одинъ мигъ связали бы его, но генералъ   ялъ бить отступленіе. Гриша Лавдовскій подалъ с   налъ, и мы, вспомнивъ планъ, въ безпорядкѣ бросились въ бѣгство.

Слободчане вскрикнули отъ радости и кинулись преслѣдовать насъ. Имъ удалось захватить упавшаго Паню Лавдовскаго. Тотъ закричалъ о помощи, но мы не могли терять времени и продолжали бѣжать. Двое слободчанъ повели плѣнника куда то по направленію къ огородамъ.

— Не обижать!—крикнулъ генералъ грозно.

— Ладно!—насмѣшливо отозвались торжествующіе слободчане.

— Не мучить, а то плохо будетъ! — еще грознѣе повторилъ генералъ, не переставая бѣжать.

Намъ оставалось всего нѣсколько шаговъ до колодца. Непріятель разгорячался все болѣе и болѣе. Онъ гналъ насъ къ лѣсу. Пробѣжавъ сажени двѣ-три за колодецъ, мы вдругъ остановились, и пронзительный свистъ огласилъ воздухъ.

То Черный подалъ сигналъ засадѣ.

Въ тотъ же мигъ, въ тылу преслѣдующаго насъ врага громко прокатилось побѣдное „ура!“—и десять

человѣкъ, перебѣжавъ дорогу, бросились на обману-
тыхъ слободчанъ, которые остановились, удивленные
неожиданностью. Теперь они очутились между двухъ
огней. Со всѣхъ сторонъ летѣли пули, угрожали
штыками съ тылу и фронта. Они растерянно метну-
лись вправо, но имъ преградили дорогу. Пули посы-
пались дождемъ, десять штыковъ готовы были принять того, кто дерзнулъ бы пробиться силою. Шестипалый, однако, сдѣлалъ попытку, но его свалили и
связали. Тогда вся толпа слободчанъ кинулись влѣво.
Мы полетѣли за ними въ догонку, не переставая
осыпать бѣжавшихъ пулями. Мы спотыкались на бѣгу, попадали въ ямы, но все это было нипочемъ, мы
продолжали преслѣдованіе. Часть слободчанъ бѣжала,
забывши вовсе о защитѣ, но нѣкоторые отражали
наши удары, и отражали довольно чувствительно.
Адъютантъ получилъ синякъ, его щеки были красны...
Генералу оцарапали носъ. Но всѣхъ болѣе досталось
Черному, обремененному барабаномъ и рожкомъ, которые висѣли у него на шнурѣ. Знаменосецъ давно
потерялъ ружье и теперь храбро дрался древкомъ.
Знамя пострадало, но его не удалось вырвать врагамъ.

На всѣхъ парусахъ летѣли слободчане къ мосту,
не зная еще о второй засадѣ и новой хитрости съ
нашей стороны. Но вотъ они подбѣжали ко рву — и
остановились, какъ вкопанные.

Моста не было, а мы уже настигали.

— Въ ровъ ихъ! Толкай въ ровъ!—закричалъ генералъ.

— Ура-а!

Дожидаться нашей „помощи" слободчанамъ, конечно, было невыгодно, и они, одинъ за другимъ,
начали скатываться въ ровъ, надѣясь взобраться на
противоположный берегъ раньше насъ и — понятное
дѣло — восторжествовать тогда надъ нами.

Но вторая засада только ждала сигнала. Раздался
свистокъ, и казаки съ оглушительнымъ крикомъ бро-

сились на слободчанъ. Появленіе новаго врага окончательно ошеломило ихъ.

— Да сколько же ихъ еще тутъ?—вырвалось невольно у второго коновода, растерявшагося на мигъ при неожиданномъ появленіи казаковъ.

Онъ забралъ воздуху въ грудь и какъ стрѣла помчался по неровному дну оврага. За нимъ остальные. Но мы оцѣпили бѣжавшихъ, и ни одинъ изъ нихъ не проскользнулъ домой.

— Вязать ихъ!—скомандовалъ генералъ.

Слободчане не захотѣли сдаться. Началась новая свалка, въ которой немало досталось обѣимъ сторонамъ... Мы все-таки одержали побѣду,—и, не болѣе какъ черезъ двадцать минутъ, всѣ слободчане были перевязаны.

— Покоряетесь?—спросилъ генералъ.

— Что вамъ нужно?

— Дайте слово не обижать ни одной дѣвочки; признайте себя побѣжденными и заплатите дань.

— Вы, Богъ знаетъ, сколько потребуете!..

— Это—наше дѣло!.. Впрочемъ, мы сейчасъ скажемъ вамъ. Хотите вступить въ переговоры?

— Ладно,—промолвилъ Шестипалый;—говорите!

Мы развязали его и тутъ же, во рву, на листкѣ бумаги набросали слѣдующія условія міра.

1) Слободчане признаютъ себя побѣжденными.

2) Они обѣщаются не обижать ни одной дѣвочки въ теченіе всего лѣта и осени.

3) Отдаютъ намъ камышевую трость, которою защищался Шестипалый;

и 4) Платить контрибуцію: 100 морковей, 600 картофелинъ, 70 рѣпъ, 20 брюквъ, 200 яблоковъ, 2 фунта орѣховъ, фунтъ пряниковъ и фунтъ рожковъ.

Для полнаго заключенія мира назначено ближайшее воскресенье.

Мы прочитали эти условія Шестипалому, тотъ посовѣтовался со своими и согласился, прибавивъ только:

3*

— Гдѣ же мы возьмемъ теперь брюквы, рѣпы, яблоковъ—еще рано!

— Все равно, послѣ,—согласились мы.

— Ну, такъ ладно!

— Ты писать умѣешь?—спросили Шестипалаго.

— Умѣю немного.

— Подпиши фамилію!

— Это зачѣмъ же?

— Надо... чтобы ты не могъ отказаться.

Шестипалый взялъ въ руки карандашъ, долго возился, пыхтѣлъ и кряхтѣлъ и, наконецъ, вывелъ какія-то каракульки, которыя едва можно было разобрать. Онъ написалъ буквально слѣдующее: Сыгасинъ (т.-е. согласенъ) кЛым Шестип Алыи.

Нашъ генералъ ловко подмахнулъ:

Генералъ Николай Засѣцкій.

Атаманъ оказался неграмотнымъ и поставилъ на бумагѣ крестъ.

Послѣ этого мы развязали одного слободчанина и послали его за Паней. Онъ вернулся въ слезахъ.

— Съ тобой худо обращались?

— Меня били!—отвѣтилъ Паня.

Генералъ принялъ внушительный видъ и съ достоинствомъ произнесъ:

— Я долженъ прибавить еще одно требованіе...

— Чего же еще вамъ?—спросилъ Шестипалый.

— Тѣ, которые били Лавдовскаго, должны подлежать суду.

— Какому суду?

— Разумѣется, нашему, военному, суду!

Шестипалый былъ противъ этого и предложилъ накинуть фунтъ изюму въ пользу Пани. Спросили Паню: согласенъ?

— Да,—отвѣтилъ онъ.

— Твое дѣло!—промолвилъ генералъ не совсѣмъ, однако, довольнымъ тономъ. Онъ находилъ, что „судъ" лучше поддержалъ бы честь арміи. Но, съ одной стороны, дѣло касалось лично плѣннаго, а съ другой—видно было, что на „судъ“ склонить слободчанъ трудно: имъ это казалось почему-то „страшнымъ“.

— Твое дѣло, — повторилъ генералъ, и договоръ состоялся.

Чрезъ нѣсколько минутъ, слободчане выстроились въ рядъ и наклонили головы въ знакъ покорности. Они стояли такъ все время, пока мы проходили мимо нихъ, съ ружьями „вольно“ и съ громкою пѣснею:

Изъ Слободки мы пришли,
Съ собой славу принесли,
Съ собой славу принесли,
Ордена и кресты!..

Въ этотъ день, вечеромъ, генералъ лично поздравилъ королеву съ полной побѣдой и счастливымъ окончаніемъ войны. Мы собрались у крѣпости въ ожиданіи возвращенія генерала отъ королевы. Онъ передалъ намъ ея благодарность и прочелъ списокъ наградъ. Самъ генералъ получилъ крестъ и широкіе золотые погоны; адъютантъ — золотую звѣздочку на грудь, знаменосецъ — медаль, Черный — званіе унтеръ-офицера, Паня — медаль и свой фунтъ изюма. Остальная контрибуція распредѣлялась между всѣми рядовыми арміи.

Казаки ничего не получили, кромѣ благодарности отъ королевы. Это ихъ обидѣло, въ особенности атамана.

— Если такъ, — заявилъ онъ, — Сѣчь прекращаетъ свои дружескія отношенія. Мы болѣе не союзники... мы присоединимся къ кому захотимъ. И тогда...

— Что же тогда? — полюбопытствовалъ генералъ.

— Зададимъ вамъ лупку хорошую .. вотъ что!

— Еще посмотримъ! — гордо возразилъ генералъ.

VI.

Казаки вредятъ намъ. Мы рѣшаемся искать новыхъ союзниковъ.

Между тѣмъ прошло два дня, насталъ срокъ для заключенія полнаго мира. Генералъ и адъютантъ отправились на условленное мѣсто, куда явился вскорѣ и Шестипалый съ своимъ другомъ-пріятелемъ, котораго мы называли вторымъ коноводомъ.

— А гдѣ же атаманъ?—спросилъ Шестипалый.

— Его нѣтъ,—отвѣтилъ генералъ...

— Отчего?

— Я почему знаю. Да на что онъ?

— Но мы, вѣдь, здѣсь,—сказалъ Засѣцкій, указывая на себя и своего адъютанта.

— Однихъ васъ мало. Вѣдь, и казаки воевали съ нами!

— Они только помогали... а война была объявлена арміей отъ имени королевы. Вамъ нѣтъ дѣла до Сѣчи.

— Ну, нѣтъ, погоди! — возразилъ Шестипалый:—такъ нельзя. Я безъ атамана не буду заключать мира!

— А твоя подпись?

— Какая подпись? гдѣ?

— А это что? — сказалъ генералъ, вынимая бумажку.

— Ну-ка, покажи!

Засѣцкій еще не успѣлъ, что называется, глазомъ моргнуть, какъ Шестипалый вырвалъ изъ его рукъ бумажку и съ громкимъ хохотомъ разорвалъ ее...

— Это что же такое? — растерянно воскликнулъ генералъ. — Вѣдь, такъ нельзя!

— А вотъ, стало-быть, можно, коли сдѣлалъ! — промолвилъ Шестипалый и захохоталъ еще громче.

— Значитъ... вы нарушаете миръ? — сказалъ генералъ, оправляясь и принимая соотвѣтственный видъ и тонъ.

— А что?.. вы опять воевать?

— Да, если вы...

— А ну-ка, суньтесь теперь-то...

— Что же?

— Теперь не то .. Степка-то за васъ не пойдетъ!.. Онъ теперь и самъ еще поможетъ вздуть бабье войско...

Сконфуженные и обезкураженные явились домой наши начальники.

Конечно, всѣ мы узнали, въ чемъ дѣло.

— Что-то теперь они станутъ дѣлать? — думали мы, подразумѣвая подъ словомъ „они" своихъ начальниковъ. — Знаетъ ли королева? — любопытствовалъ Шульцъ.

Она ничего не знала: генералъ ни слова не сказалъ ей. Онъ долго совѣщался о чемъ-то съ адъютантомъ и, наконецъ, вечеркомъ, отправился къ Степану .. Зачѣмъ, — онъ не сказалъ никому, но мы опять, разумѣется, узнали. Оказалось, что генералъ хотѣлъ помириться съ атаманомъ и уговорить его итти снова на слободчанъ.

— Нѣтъ, теперь ужъ поздно, — отвѣтилъ Степанъ: — больно вы горды съ своей королевой, такъ сами и проучите слободчанъ...

— Мы все подѣлимъ поровну, — убѣждалъ Засѣцкій.

— Не надо намъ... мы сами добудемъ!.. Да и некогда намъ... у насъ свое дѣло.

— Какое же дѣло?

— Мы войну ведемъ съ прилучанами. Мы завтра
ихъ такъ раскатаемъ, что на-поди!.. Подъ себя покоримъ и вѣчную дань на нихъ положимъ!..

— Вамъ трудно однимъ-то... вы помогите намъ, а
мы вамъ поможемъ!

— На надо, одни справимся!.. А то и слободчане
намъ помогутъ!

— Вамъ то?

— Что жъ такое? За то и мы имъ поможемъ.

— Противъ насъ?

— Экое диво! Нешто мы присягали вашей королевѣ? Развѣ мы подданные ваши? мы — особь статья...
мы — казаки!

Какъ ни уговаривалъ Засѣцкій—атаманъ остава-
ся непреклоненъ.

На другой день одинъ изъ слободчанъ забросалъ
грязью сестру Чернаго. Братъ сообщилъ объ этомъ
генералу и указалъ на необходимость хорошенько
проучить сорванцовъ.

— Не твое дѣло рѣшать!—оборвалъ его Засѣцкій.

— А чье же?—дерзко спросилъ Карпуша...—Вамъ
самимъ ничего, вѣдь, не выдумать!

— А, ты снова грубить! Это — нарушеніе дисциплины... Я предаю тебя суду!.. А теперь — арестуйте
его!—приказалъ генералъ

— Держи!—произнесъ Карпуша. Онъ оттолкнулъ
Глушицкаго, который хотѣлъ схватить его, и убѣжалъ изъ огорода.

Онъ перешелъ къ казакамъ. Однимъ человѣкомъ—
и очень ловкимъ—стало въ арміи меньше.

— Это что же... пожалуй, такъ и всѣ разбѣгутся!—
ропталъ Шульцъ; — такъ нельзя играть... надо слушаться!..

— Его нужно поймать!

— Разумѣется!

По арміи было объявлено, что Черный — измѣнникъ, и всякій, кто представитъ его на судъ, получитъ въ награду чинъ унтеръ-офицера и крестъ.

Такъ порѣшили наши начальники вечеромъ того же дня, когда перебѣжалъ Карпуша. На слѣдующее утро ихъ ждалъ новый сюрпризъ: наша крѣпость была полуразрушена.

— Кто это сдѣлалъ? кто? — спрашивали мы другъ друга.

— Это дѣло Степки! — говорили одни.

— Нѣтъ, это слободчане!.. — увѣряли другіе.

— Ни тѣ, ни другіе... это — Карпушка! — сказалъ генералъ, и онъ былъ правъ.

Черный не скрывалъ своего „удалого дѣла“, за которое получилъ отъ атамана въ награду званіе *кошевого*.

— Вотъ какъ мы-то!.. не по-вашему! знай насъ! — хвалился Черный, встрѣтивъ меня на улицѣ.

Наши дѣла были не блестящи. Пришлось снова поправлять крѣпость; но какъ ее сохранить отъ нападеній казаковъ? Ночью караула не было. И кто же станетъ караулить ночью?

Мы поправили крѣпость.

Но ее снова разрушили.

— А! это ужъ война! — сказалъ генералъ; — что же? война такъ война!.. А Карпушкѣ мы отомстимъ, только попадись!..

— Насъ мало. Нужно вербовать еще въ армію! — посовѣтовалъ адьютантъ.

— Какимъ способомъ? какъ Фридрихъ Великій: силой? — спросилъ генералъ.

— Ну, нѣтъ, силой что же: сбѣгутъ!.. А заманивать, уговаривать!.. Или... вотъ что, еще лучше...

— Что?

— Соединиться съ прилучанами. Ихъ тоже не мало... А вмѣстѣ мы одолѣемъ и слободчанъ и казаковъ.

— Да, это недурно!.. А вербовать тоже не мѣшаетъ!

Рано утромъ насъ собрали у разрушенной крѣпости и объявили, что:

1) Каждый обязанъ стараться завербовать кого-нибудь въ солдаты.

2) Ловить Чернаго, который объявляется измѣнникомъ и предается суду. Къ чему судъ приговоритъ Чернаго, то будетъ выполнено надъ нимъ по его поимкѣ.

Меня и Глушицкаго посылали для переговоровъ съ прилучанами.

— Завтра, около вечеренъ, собраться опять здѣсь,— приказалъ генералъ; — будетъ судъ надъ Чернымъ. Считайте казаковъ и слободчанъ врагами и вредите въ одиночку какъ тѣмъ, такъ и другимъ... Скоро мы открыто объявимъ Сѣчи войну.

Мы были распущены. Я возвращался домой вмѣстѣ съ Глушицкимъ.

— Надо, во что бы то ни стало, уговорить прилучанъ,—сказалъ онъ.

— Да, конечно,— согласился я. — Мы должны покорить казаковъ, потому что Степанъ только атаманъ, а у насъ королева!.. Они должны быть въ зависимости отъ насъ.

— Рано ли же мы завтра отправимся? — спросилъ Глушицкій,—часовъ въ 9?

— Пожалуй.

Мы порѣшили на этомъ и разстались.

VII.

Развѣдчики арміи.

Накрапывалъ дождь, когда мы вышли съ Глушицкимъ за городъ. Намъ предстояло пройти около пяти верстъ.

— А что, если дождикъ усилится?—замѣтилъ Глушицкій, тревожно посматривая на надвигавшуюся тучу,—дѣло выйдетъ скверно: насъ смочитъ!

— Эка важность!—сказалъ я,—развѣ мы дѣвочки? Мы солдаты, а солдаты не должны бояться ни холода, ни жары, ни дождя, ни вьюги...

— Оно конечно,—согласился Глушицкій.

Мы шли по небольшой тропинкѣ, пролегавшей неподалеку отъ столбовой дороги. Слѣва отъ насъ шумѣлъ лѣсъ, справа—разстилался лугъ. По высокой, еще не скошенной травѣ, отъ вѣтра, ходили волны, точно на морѣ.

— А если на насъ нападутъ?—вдругъ промолвилъ Глушицкій.

— Кто?

— Да враги.

— Слободчане?

— И слободчане... и казаки, пожалуй!

— Съ чего же казаки? Вѣдь, мы еще войны не объявляли?

— Что жъ такое? Все равно: мы въ ссорѣ—и этого довольно... Попадись теперь Карпушка...

— О, его-то намъ славно было бы встрѣтить!— воскликнулъ я.

— Ты хочешь его на судъ представить?

— Разумѣется...

— Не легко, братъ!.. Черный ловокъ и силенъ. А попадись онъ не одинъ, такъ намъ плохо придется.

— Ну, что жъ дѣлать! Въ военное время всяко бываетъ... чья возьметъ!

Мы воображали себя заправскими „развѣдчиками" и, опасаясь неожиданной встрѣчи съ врагомъ, шли, оглядываясь по сторонамъ и зорко всматриваясь въ каждое подозрительное мѣсто, гдѣ, по нашему мнѣнію, могла оказаться засада... Дождь становился крупнѣе. Темныя, будто свинцовыя, тучи заволокли все небо.

— Пойдемъ поскорѣе, а то насъ захватитъ ливень, чего добраго,—сказалъ Глушицкій.

— Бѣглымъ шагомъ, значитъ?—спросилъ я.

— Да.

— Маршъ!..

И мы пустились бѣгомъ.

Дождь хлынулъ, какъ изъ ведра, и хотя уже показались избы Прилукъ, но мы порѣшили переждать его, укрывшись на первомъ, встрѣченномъ нами, сѣновалѣ.

По худой, еле державшейся лѣстницѣ мы влѣзли въ слуховое окно сѣновала и расположились на отдыхъ.

А дождь такъ и хлесталъ, стуча по крышѣ сарая.

— Хорошо, что мы добрались сюда, — довольнымъ тономъ замѣтилъ Глушицкій.

— Да, — подтвердилъ я.

Конечно, солдаты должны все переносить, но пріятнѣе же остаться сухимъ, нежели промокнуть до костей.

Ливень пересталъ не скоро. Наконецъ, туча пронеслась. На небѣ прояснѣло, блеснулъ лучъ солнца.

— Теперь въ путь, — сказалъ Глушицкій, — нечего медлить!

Мы выбрались изъ-подъ сѣна и подошли къ окну... лѣстницы какъ не бывало! Она упала, вѣроятно, отъ вѣтра.

— Какъ же теперь? — спросили мы другъ друга.

— Развѣ соскочить?

— А какъ ушибешься?

Мы задумались.

— Вотъ попались-то! — промолвилъ Глушицкій. — Напади на насъ теперь враги — мы въ ихъ рукахъ!

— Ну, нѣтъ, шалишь! Я стану защищаться и ни за что не пущу ихъ сюда!

— Есть у тебя кушакъ? — спросилъ Глушицкій.

— Есть ремень.

— Давай его сюда.

Онъ взялъ мой ремень, привязалъ къ нему свой поясъ и, высунувшись изъ окна, смѣрилъ, хватаетъ ли до земли.

— Коротко... давай еще платокъ.

Я подалъ. Онъ привязалъ его къ кушаку, смѣрилъ снова и воскликнулъ:

— Теперь отлично! я буду держать, а ты спускайся.

— А какъ же ты-то потомъ?

— Экій ты недогадливый! спустишься и подставишь лѣстницу. Понялъ?

— А...а! Теперь понялъ. Смышленъ же ты, братъ!

— Еще бы, не въ тебя!.. ну, полѣзай же!

Глушицкій обвязалъ себѣ поясъ вокругъ тальи и, упершись одной ногой въ бревно, спустилъ свободный конецъ за окошко.

Я осторожно вылѣзъ за окно, ухватился обѣими руками за ремень и началъ спускаться, упираясь носками сапоговъ въ стѣну. Вдругъ—трахъ!—ремень оборвался, и я полетѣлъ на землю; слѣдомъ за мною грохнулся и Глушицкій.

Мы не особенно ушиблись и потому, испугавшись сначала, черезъ минуту весело расхохотались.

— Какъ это ты упалъ?—спросилъ Глушицкій.

— Да ремень оборвался.

— Ха, ха, ха! а я нагнулся, чтобъ посмотрѣть, какъ ты слѣзаешь, ты вдругъ рванулъ—я не удержался и тоже кувыркнулся.

— По-по-ле-тѣлъ!..

Мы едва могли говорить отъ душившаго насъ смѣха.

— А вы тутъ что дѣлаете? а? — раздался чей-то голосъ вблизи насъ.

Мы быстро вскочили на ноги. Въ нѣсколькихъ шагахъ отъ насъ стоялъ рослый крестьянскій парень лѣтъ семнадцати, въ рубахѣ и безъ шапки.

— Что вы тутъ дѣлаете?—повторилъ онъ снова.

— Да съ сѣновала упали,—отвѣчалъ я.

— А зачѣмъ вы туда залѣзли? Кто васъ просилъ?

— Отъ дождя.

Въ эту минуту къ нему подошли еще трое парней, изъ которыхъ одинъ былъ его лѣтъ, а двое—моложе.

— Чего имъ надо?—спросили они у товарища.

— Да кто ихъ знаетъ!.. Эй, вы, городскіе булочники: чего вамъ надо?

— Вы сами-то кто? Прилучане?—спросилъ Глушицкій.

— Прилучане, вѣстимо.

— Да что вы зубы-то заговариваете? — крикнулъ старшій парень. — Ребята, берите-ка ихъ да вяжите!

— Что вы, что вы! — закричали мы оба. — Мы къ вамъ съ добрымъ предложеніемъ пришли... помочь хотимъ... Знаете вы армію?

— Какую еще тамъ армію? Это вы не изъ Степкиной ли шайки, а? Оттуда, видно, и есть!.. Вяжи ихъ, ребята, угостимъ-ка ихъ на славу крапивой, чтобъ не баловались...

Всѣ четверо набросились на насъ.

— Да что вы? Мы вовсе не отъ Степки... Степка атаманъ казаковъ, а мы изъ арміи. Степка хочетъ сегодня ночью напасть на васъ, мы и пришли предупредить васъ объ этомъ, да звать соединиться съ нами; давайте вмѣстѣ вздуемъ казаковъ.

Прилучане остановились въ нерѣшительности.

— Слушайте ихъ — они вамъ наскажутъ! — закричалъ рослый парень, который увидѣлъ насъ ранѣе другихъ; — вишь, что поютъ. Знаемъ!.. видать, что отъ Степки. Высматривать подосланы!.. Зададимъ мы вамъ баню.

Какъ мы ни убѣждали, какъ ни уговаривали — ничего не помогло. Насъ повели въ деревню и заперли въ сарай.

— Посидите тутъ маленько! А ты, Карась, смотри, карауль!... — приказалъ старшій изъ ребятъ.

Съ этими словами трое прилучанъ ушли, а четвертый остался у дверей сарая.

— Вотъ такъ штука! — воскликнулъ Глушицкій. — Вѣдь, чего добраго, насъ взбучатъ! Надо бы бѣжать.

— Да какъ?

Мы начали осматривать сарай.

— Гляди! — радостно шепнулъ Глушицкій, указывая рукою на отверстіе въ углу, у самой земли.

— Вѣдь, пролѣземъ.

Мы кинулись къ щели.

— Обчищай скорѣй!

Мы дружно начали выгребать землю.

— Ну-ка, теперь попробуй!

Съ немалымъ трудомъ, я вылѣзъ наружу.

— Гдѣ они, гдѣ? — послышались громкіе голоса подходящихъ ребятъ.

— Здѣсь, въ сараѣ...

— Крапивы-то нарвалъ?

— Нарвалъ!

Я могъ бы бѣжать и скрыться, но оставить товарища одного казалось мнѣ постыднымъ. Я прямо пошелъ къ толпѣ ребятъ.

— Что вы хотите дѣлать? — закричалъ я. — Какъ вы смѣете трогать пословъ великой арміи?..

— А, ты ужъ выскочилъ? За это прибавить надо... вали его, ребята!

— Остановитесь! — кричалъ я. — Дайте мнѣ все сказать... Погоди минуту!

Въ толпѣ поднялись крики: одни не хотѣли давать мнѣ говорить, другіе же требовали, чтобы меня выслушали. Послѣдніе взяли, наконецъ, верхъ. Меня окружили и послышались голоса:

— Ну-ка, что тамъ?.. разсказывай живѣй, да не ври, смотри!

— Шила въ мѣшкѣ не утаишь, — сказалъ старшій парень, по прозванью Голованъ. — Коли и въ самомъ дѣлѣ вы пришли безъ хитрости и говорите правду, то это окажется; тогда, знайте, мы пристанемъ къ вамъ и уже не выдадимъ, головой постоимъ!..

— Мнѣ нечего васъ обманывать, — замѣтилъ я. — Степанъ хочетъ напасть на васъ сегодня вечеромъ. Въ городѣ, вѣдь, не одни только казаки, есть и армія... Мы посланы отъ арміи... Насъ 17 человѣкъ... Хотите съ нами... у насъ есть королева.

— Чего онъ такое мелетъ? Какая тамъ королева? Да вретъ онъ все, братцы! чего его слушать? вали его, да тащи и того изъ сарая, мы имъ обоимъ покажемъ такую армію, что на-поди!

Я бросился съ цѣлью прорваться черезъ толпу ребятъ, но меня сразу повалили и… „посолъ великой арміи" подвергся унизительному наказанію.

Та же участь постигла и моего товарища.

VIII.

Судъ надъ Чернымъ.

Первымъ нашимъ дѣломъ, по возвращеніи домой, было обратиться къ королевѣ.

Горько жаловались мы ей и не пожалѣли красокъ, чтобы представить поступокъ прилучанъ во всемъ его безобразіи. Королева, разумѣется, тотчасъ же воспылала справедливымъ гнѣвомъ, позвала къ себѣ генерала и потребовала мщенія. Меня и Глушицкаго заставили повторить разсказъ, но генералъ взглянулъ на дѣло совершенно иначе.

— Прилучане почти согласны быть нашими союзниками, — сказалъ онъ съ живостью; — и прекрасно!.. мы тогда будемъ представлять силу, вполнѣ несокрушимую!

— Что вы говорите! — возразила королева. — Нашихъ пословъ оскорбили! и мы должны вступиться за нихъ.

— О, безъ сомнѣнія, ваше величество! — согласился генералъ; — но надо помнить и то, что если мы двинемся на прилучанъ, то казаки воспользуются этимъ и повернутъ здѣсь, безъ насъ, все вверхъ дномъ. Да и войска у насъ противъ нихъ совсѣмъ мало; там парни-силачи; того и смотри, бока намнутъ.

— Такъ что же вы думаете дѣлать? вѣдь, этого такъ оставить нельзя!

Генералъ пожалъ плечами.

— Я думаю, — началъ онъ важно, — что гораздо будетъ лучше не обращать на эти пустяки никакого вниманія. Тогда, по крайней мѣрѣ, мы въ прилучахъ всегда будемъ имѣть вѣрныхъ союзниковъ.

Ему очень хотѣлось побить казаковъ.

Мы съ Глушицкимъ остались недовольны этимъ рѣшеніемъ, но въ то же время хорошо понимали и то, что рискованно вступать въ борьбу съ прилучанами: ихъ было много, мы должны итти въ ихъ землю и на насъ казаки могли легко напасть съ тылу на возвратномъ пути въ городъ Эти доводы убѣдили и королеву.

Спустя два дня, явившись къ мѣсту сбора, я замѣтилъ необыкновенное оживленіе въ арміи.

Чернаго изловили! Онъ снималъ наши мостки на прудѣ, его и накрыли, сообщили мнѣ. Сейчасъ судить будутъ. Вотъ и генералъ идетъ.

Дѣйствительно, къ намъ шелъ Засѣцкій въ сопровожденіи адъютанта. Они были въ полной парадной формѣ: въ новыхъ бумажныхъ треуголкахъ и при деревянныхъ сабляхъ.

— Приведите бѣглеца, — отдалъ приказаніе адъютантъ, когда всѣ заняли свои мѣста.

Черный, со связанными назадъ руками, предсталъ передъ генераломъ.

— Прежде всего, — началъ генералъ, — намъ необходимо знать, было ли сегодня ночью нападеніе казаковъ на прилучанъ? Подсудимый, отвѣчай!

— Еще бы! конечно, было. — Черный прищурилъ лѣвый глазъ и многозначительно причмокнулъ языкомъ. Онъ не придавалъ суду никакого значенія.

— Что жъ вы тамъ сдѣлали? — продолжалъ допрашивать генералъ. — Мы посылали къ прилучанамъ пословъ, чтобы предупредить ихъ о вашемъ нападеніи... Вѣроятно, вы не застали ихъ врасплохъ?

— Н да!.. а все-таки наша взяла! — отвѣтилъ Черный.

— Это какъ же?

— Да такъ; когда мы встрѣтили отпоръ, то сейчасъ же и убрались по добру, по здорову... А потомъ, когда прилучане разошлись по домамъ: „наше дѣло,

молъ, въ шляпѣ", — мы и свалились имъ, какъ снѣгъ
на голову, вечеромъ, когда многіе совсѣмъ ужъ спать
полегли или пошли гулять!.. Голованову бѣлую лошадь вымазали дегтемъ: пѣгашкой стала!.. Отвязали
лодку Карася и оттолкнули ее отъ берега... У Ѳедьки
чучелъ въ огородѣ поснимали да и ушли, никого не
потревоживъ... Вотъ мы какъ! — Разсказчикъ самодо-
вольно осклабился и молодецки тряхнулъ кудрями.

— А что, небось, прилучане посулили вамъ свою
помощь противъ казаковъ за доносъ-то? — вдругъ
дерзко спросилъ онъ, обводя глазами плотно сдвину-
шуюся кучку зрителей.

— Это не доносъ! — закричали мы единогласно. —
Мы дружимся съ ними.. они за насъ обѣщались го-
рой стоять... а мы за нихъ!..

Шумъ продолжался нѣсколько секундъ.

— Прочтите обвинительный листъ, — сказалъ генералъ адъютанту.

Послѣдній развернулъ бумагу и началъ по пунктамъ:

— Черный обвиняется во-*первыхъ*, въ томъ, что онъ
перебѣжалъ изъ арміи къ казакамъ; во-*вторыхъ*, въ
томъ, что онъ разрушилъ наши мостки на прудѣ;
въ-*третьихъ*, въ томъ, что онъ руководилъ набѣгомъ
на дружественныхъ намъ прилучанъ.

— Подсудимый, что имѣешь сказать въ свое оправданіе?—обратился къ Черному генералъ.

Черный только громко захохоталъ въ отвѣтъ на эти слова.

— Ты этимъ усиливаешь свою вину, — замѣтилъ адъютантъ.—Что съ нимъ дѣлать?—обратился онъ ко всѣмъ присутствующимъ.

— Разстрѣлять!—единодушно отвѣтили мы.

— Ахъ, вы мозгляки! — иронично промолвилъ Черный.

Генералъ подписалъ приговоръ суда, а королева утвердила. Чернаго привязали къ дереву носовымъ платкомъ, и генералъ приказалъ каждому изъ насъ запастись по одной картофелинѣ.

Мы живо сбѣгали въ огородъ и возвратились, вооруженные нашими „пулями".

— Вотъ только троньте меня, — погрозилъ Черный,— такъ казаки зададутъ вамъ встрепку.

— Разъ! два! три! — скомандовалъ адъютантъ, и штукъ 15 картофелинъ полетѣло въ Карнушу.

— Ахъ, вы, пострѣлята! — заволилъ онъ. — Погодите же!..

Его отвязали и пустили на волю. Онъ побагровѣлъ отъ бѣшенства.

— Попомните же вы меня!—злобно кричалъ онъ, улепетывая во всю мочь.

IX.

Пожаръ.

Прошло нѣсколько дней.

Я только-что сѣлъ за обѣдъ, какъ вдругъ на Спасской колокольнѣ ударили въ набатъ. И чѣмъ дальше, тѣмъ онъ становился все сильнѣе и тревожнѣе... Съ грохотомъ пронеслась мимо нашего дома пожарная команда третьей части. Народъ торопливо бѣжалъ на пожаръ.

— Гдѣ горитъ? гдѣ горитъ?.. — слышались вопросы съ разныхъ сторонъ.

— Во второй части!

— Лавки горятъ!

— Ври больше!.. Гимназія женская горитъ!..

Я выскочилъ изъ-за стола и побѣжалъ на чердакъ, чтобы посмотрѣть въ слуховое окно, сколько шаровъ на каланчѣ...

Въ сѣняхъ я столкнулся съ Паней Лавдовскимъ.

— Скорѣе, скорѣе,—промолвилъ онъ, подавая мнѣ руку.

— Куда? гдѣ горитъ?

— Женская гимназія... Меня послалъ братъ. Королева велѣла... Забѣгалъ Засѣцкій...

Лавдовскій запыхался отъ усталости и говорилъ отрывисто.

Я отказался отъ обѣда, и мы побѣжали. Уже дорогой Паня объяснилъ, что сейчасъ былъ у нихъ Засѣцкій и велѣлъ сбирать армію и спѣшить на пожаръ.

— Я уже тремъ далъ знать,—говорилъ Лавдовскій, несясь во всю прыть;—сейчасъ завернемъ къ Бунаковымъ и скажемъ имъ.

— Да зачѣмъ все это?—спросилъ я, не отставая отъ товарища.

— Королева велѣла... Вѣдь говорю тебѣ, что женская гимназія горитъ... А тамъ подруги-пансіонерки и любимая классная дама—Муромцева!

— Ну, такъ что же? Вѣдь на то пожарная команда... Мы развѣ пожарные?

— Да, вѣдь, солдаты бываютъ на пожарахъ? Вотъ и мы потому... будемъ помогать... Ахъ, вотъ что: забѣги къ Шульцу, а я къ Бунаковымъ.

— Ладно!

Шульца я уже не засталъ, онъ отправился на пожаръ, увѣдомленный Засѣцкимъ. Я стрѣлою полетѣлъ туда же.

Большое зданіе женской гимназіи было окутано дымомъ, который клубами поднимался къ небесамъ. Слышался трескъ лопавшихся стеколъ, и вслѣдъ за ними наружу вылетали языки пламени, лизали стѣну, крышу и потухали.

Мы невольно остановились, пораженные страшною иллюминаціей... Кругомъ въ воздухѣ стоялъ гулъ и стонъ. Крики пожарныхъ, толпы, ржаніе лошадей и трескъ горѣвшаго зданія—все слилось въ одинъ оглушительный ревъ. Пожарные бѣгали съ лѣстницами, ломали баграми сосѣдніе заборы и разбрасывали склады дровъ—самое опасное мѣсто: загорись дрова—и огненное море залило бы цѣлый кварталъ.

— Что же вы тутъ стоите, зѣваи?—вдругъ раздался за нами грозный голосъ.

Мы оглянулись и увидѣли Засѣцкаго.

— Маршъ на дворъ,—крикнулъ онъ;—тамъ наши качаютъ воду и помогаютъ выносить вещи... Живо!

Мы опрометью кинулись туда, куда намъ приказалъ генералъ. На гимназическомъ дворѣ, у колодца толпа „нашихъ" съ невыразимымъ рвеніемъ качала насосъ, отданный полиціей въ полное распоряженіе „добровольцевъ", среди которыхъ было немало сильныхъ и рослыхъ. Рукавомъ машины, проведеннымъ въ окно актовой залы, управлялъ помощникъ брантмейстера.

Въ ту минуту, какъ мы съ Паней подбѣжали къ машинѣ, мимо проходилъ вице-губернаторъ. Увидѣвъ группу „нашихъ", по преимуществу гимназистовъ, онъ произнесъ съ доброй улыбкой:

— Вотъ молодцы! Славно!..

Наши дружно откликнулись:

— Рады стараться, ваше превосходительство!

Мы присоединились къ товарищамъ. Черезъ нѣсколько минутъ подбѣжалъ Засѣцкій и крикнулъ: — Шестеро за мной!

Дмитрій Бунаковъ, Доброумовъ, Скрябинъ, Шульцъ, Паня Лавдовскій и я поспѣшили за нимъ. Бунакова, Доброумова и Скрябина онъ послалъ къ тѣмъ, которые спасали отъ огня гимназическое имущество, а насъ троихъ провелъ въ садъ, гдѣ въ бесѣдкѣ стояла различная мебель и были сложены въ груду нѣсколько узловъ. Возлѣ одного изъ нихъ валялся ящичекъ чернаго дерева.

— Это все принадлежитъ Лидіи Павловнѣ Муромцевой, и вы стойте тутъ и караульте, пока не пріѣдутъ за вещами... Я самъ приду тогда или пришлю Гришу... Безъ насъ никому не отдавать ни одной порошинки!.. — начальнически закончилъ Засѣцкій. — Это приказъ самой королевы, — добавилъ онъ, удаляясь.

Вблизи никого не было, и мы отвѣтили, дѣлая подъ козырекъ:

— Слушаемъ, ваше превосходительство!

„Наши“ продолжали работать... Къ нимъ присоединились и другіе гимназисты, не принадлежавшіе къ арміи. Одни качали воду, другіе (въ числѣ этихъ были Скрябинъ, Бунаковъ старшій и Доброумовъ) спасали вещи выбрасываемыя изъ оконъ, или, взобравшись на лѣстницы, принимали тѣ предметы, которые нельзя было выбрасывать.

Бунаковъ и Доброумовъ очень ловко управились съ двумя дорогими картинами, осторожно вынесли въ безопасное мѣсто какой-то физическій приборъ и спасли зеркало, которое горячій доброволецъ изъ мѣщанъ хотѣлъ бросить прямо на землю съ третьяго этажа... Зато обоимъ имъ пришлось поплатиться чувствительно, хотя и различно: Бунакова такъ сильно ударило балкой, что онъ слетѣлъ съ лѣстницы (къ счастію, когда былъ уже низко) и затѣмъ едва поднялся, а Доброумова окатили съ ногъ до головы какой-то мутной жидкостью, испортивъ новенькую лѣтнюю пару, въ которой онъ, впопыхахъ, примчался на пожаръ. . Намъ, караулившимъ вещи въ бесѣдкѣ, было лучше всѣхъ.

— Но долго ли же, однако, намъ тутъ стоять? — полюбопытствовалъ Шульцъ.

Онъ находилъ, что очень скучно торчать возлѣ узловъ, и пытался бросить постъ, чтобы дѣйствовать за одно съ другими... Остаться безъ него намъ не хотѣлось, да и казалось небезопаснымъ, — онъ отличался порядочною силой. И вотъ, чтобы удержать его, мы напомнили о наказаніи за бѣгство съ караула.

— А что же будетъ? — засмѣявшись, спросилъ онъ.

— Смертная казнь.

— Въ родѣ той, какъ съ Чернымъ? Э, нѣтъ!.. Такъ можно всю армію разогнать... Не рука!

— Но это приказъ королевы!.. Да и вещи растащить могутъ... Мы что одни сдѣлаемъ?.. Ты всѣхъ насъ сильнѣе!

— Ну, какой тутъ приказъ! — промолвилъ онъ;— вѣдь, не взаправду же мы солдаты, а она королева... А вотъ насчетъ вещей — это дѣло... Ну, ладно, не уйду...

Пожаръ уже кончался, когда явился Гриша Лавдовскій и отпустилъ насъ домой. Многіе ушли ранѣе, но нѣкоторые все еще качали воду.

— Ну, господа, это почище войны, — замѣтилъ Глушицкій, подходя къ намъ.

— Да и полезнѣе, — промолвилъ младшій Бунаковъ, также присоединяясь къ нашей партіи.

— Конечно! — согласились мы съ Паней.

— Однако, не на всѣ же пожары мы будемъ ходить? — задалъ вопросъ Шульцъ.

— Надо полагать, — рѣшилъ я, — а впрочемъ, какъ королева...

— Ну, это мы посмотримъ! — произнесъ Шульцъ.

— Господа, — объявилъ генералъ, подходя къ намъ, — завтра около вечеренъ собраться у гауптвахты... будетъ королева... слышите?..

— Хорошо! — устало промолвилъ Скрябинъ.

Въ назначенное время мы собрались почти всѣ. Но королева не явилась: она простудилась на пожарѣ и схватила флюсъ. Именемъ ея генералъ поблагодарилъ всю армію и особенно тѣхъ, которые спасали и хранили имущество Муромцевой. Всѣмъ солдатамъ назначались въ награду медали съ надписью: „за труды на пожарѣ“. Генералъ награждался звѣздой, Гриша Лавдовскій — крестомъ. Старшаго Бунакова королева произвела въ офицеры, Доброумову изъявила

„особенную благодарность", меня й Глушицкаго, принимая во вниманіе и развѣдки у прилучанъ,—въ ун-
теръ-офицеры!..

Прочитавъ списокъ наградъ, генералъ объявилъ
всей арміи роспускъ на недѣлю. Но эта недѣльная
вакація продолжалась гораздо дольше. Наступили до-
жди, затѣмъ классы, подошла осень, — и наши игры
были отложены до зимы.

Часть вторая.

I.

Въ запасѣ.—Королевскій декретъ.—Новый состѣъ арміи.

Всю осень армія была распущена. Нѣкоторые находили, впрочемъ, что незачѣмъ совсѣмъ прерывать игры: можно-де пользоваться хорошими днями и досугомъ... Но уроки и ненастная погода мѣшали сборищамъ. Инымъ даже и наскучили игры, или, правильнѣе, не самыя игры, а та дисциплина, которую старались поддерживать генералъ съ адъютантомъ, дѣйствуя именемъ королевы. Пока было вновѣ, армія охотно всему подчинялась, оказывала почтеніе королевѣ, и даже внѣ игры, встрѣчаясь съ Соколовой, солдаты звали ее величествомъ и считали себя обязанными исполнять всякое ея приказаніе... „Королева велѣла"—и кончено... Такъ дѣлалось потому, что это нравилось. Постоянныя сборища поддерживали такое настроеніе. Къ концу лѣта дисциплина ослабѣла, и все чаще и чаще начали повторяться случаи непослушанія. Однако это были единичные случаи. Генералъ принималъ мѣры, и порядокъ опять возстановлялся. Но вотъ произошелъ перерывъ въ играхъ — и духъ подчиненія совсѣмъ почти исчезъ. Большинство прямо говорило: „мы теперь не играемъ, а потому и знать ничего не хотимъ... Мы дали присягу, т.-е. честное слово на время игръ... Тогда Аня была для насъ королева, а теперь она гимназистка и ничего больше". Генералъ и Гриша Лавдовскій смотрѣли на дѣло иначе... Они возражали: „игры не прекратились, а лишь временно прерваны: слѣдовательно, солдаты какъ бы въ запасѣ и обязаны повиноваться генералу". Корытовъ и Шульцъ разбивали этотъ доводъ: они указывали на приказчика мѣстной лавки, который числился въ запасѣ. „Какое ему дѣло до генерала Паренцова? Онъ его и знать не хочетъ"... Нашъ генералъ стоялъ на своемъ и объявилъ: „Кто теперь не признаетъ себя солдатомъ, тотъ послѣ не будетъ принятъ въ армію..." Чтобы провѣрить — кто какъ смотритъ на дѣло, онъ началъ отдавать изрѣдка отдѣльныя приказанія. Такъ однажды, встрѣтивъ во время перемѣны меня и младшаго (Алексѣя) Бунакова, онъ приказалъ намъ „завтра непремѣнно явиться въ театръ".—„Будетъ королева", — сказалъ онъ, — „и вы ее должны встрѣтить въ гардеробной, помочь раздѣться, а затѣмъ, послѣ театра, проводить и усадить въ экипажъ".

Мы исполнили въ точности приказаніе, прибывъ въ театръ, когда еще не зажигали лампъ... Оказалось, что ранѣе такой же приказъ былъ отданъ Глушицкому и Корытову, но тѣ рѣшительно отказались его исполнить. Королева очень мило поблагодарила насъ и познакомила со своимъ девятилѣтнимъ братомъ Колей, который сбирался, по возобновленіи игръ, поступить въ армію... Засѣцкій назвалъ насъ „молодцами".

Спустя недѣлю, мнѣ пришлось оказать настоящую услугу королевѣ. Я встрѣтилъ ее на улицѣ. Она привѣтливо отвѣтила на мой поклонъ и освѣдомилась, куда я иду.

— Гуляю, — отвѣтилъ я.

— Счастливецъ! А я вотъ ищу „Сочиненія Кантемира" и не могу найти. Въ библіотекѣ книга взята. Была у Гусевой и Коронацкой—нѣтъ...

— А вамъ очень нужно?

— Очень. И не позже сегодняшняго вечера. А что? Развѣ вы можете достать?

— Не обѣщаю навѣрное, но, кажется, достану.

— Ахъ, достаньте, пожалуйста!—воскликнула она.

— Слушаю-съ!—произнесъ я, переходя въ надлежащій тонъ.

— Пожалуйста! — прибавила она и улыбнулась.

Я побѣжалъ за книгой въ Рощенскую улицу. Оказалось, что книга отдана учителю турундаевскаго сельскаго училища. Я полетѣлъ туда—за четыре версты. Учителя не было дома. Я остался дожидаться. Онъ вернулся только къ вечеру. Получивъ книгу, я помчался къ королевѣ. Уже совсѣмъ смерклось. Стояла ужасная грязь. Въ одномъ мѣстѣ на меня напали собаки, и я едва спасся отъ нихъ, завернувши въ лавочку.

Аня уже потеряла надежду получить Кантемира и была чрезвычайно обрадована, когда я явился съ книгой.

— Ахъ, какъ я вамъ благодарна!..—воскликнула она искренно, пожимая мнѣ руку. — Вы, вѣроятно, далеко ходили?

Я разсказалъ всѣ мои приключенія.

— Сколько трудовъ! Спасибо, спасибо!

Пожимая при прощаньи руку, она прибавила шутливо:—Если я буду еще вашей королевой—я скажу, чтобы генералъ васъ особенно наградить...

Спустя нѣсколько дней Коля Соколовъ пригласилъ къ себѣ въ гости меня и Алешу Бунакова... Были мальчики и дѣвочки... Мы играли въ жмурки, въ цвѣты, въ карты и въ фанты. Въ послѣдней игрѣ участвовала и Аня. Съ этихъ поръ мы съ Бунаковымъ нерѣдко бывали у Соколовыхъ.

Начали поговаривать о возобновленіи игръ, о созывѣ арміи. Зима установилась прекрасная,—и многіе находили, что теперь еще лучше, чѣмъ лѣтомъ, вести войну: можно строить крѣпости и дѣлать ядра изъ снѣга. Это мнѣніе вполнѣ раздѣлялъ Засѣцкій и отвѣчалъ постоянно, что „скоро запасъ будетъ призванъ на службу". Однако, время шло, а игры не начинались... Охотники до нихъ начали роптать и намѣревались образовать новую армію, поручивъ главенство Ржаницыну, сильному, рослому ученику духовнаго училища... Тогда Засѣцкій объявилъ рѣшительно, что приступаетъ къ дѣлу.

Насъ распустили на Рождественскія каникулы. И вотъ на другой же день я получилъ по городской почтѣ письмо. Вскрывъ его, я нашелъ красный билетикъ, на которомъ ясно и мелко, рукою Гриши Лавдовскаго, было написано: „Унтеръ-офицеръ (такой-то) призывается, именемъ королевы Анны 1-й, на дѣйствительную службу и ему приказывается въ (такой-то) день, въ полдень явиться на мѣсто сбора у гауптвахты". Адъютантъ Гр. Лавдовскій.

Такое же точно извѣщеніе получили всѣ солдаты, кромѣ Глушицкаго и Корытова, которыхъ генералъ исключилъ изъ списка. Тѣмъ не менѣе, они явились. Всѣхъ насъ собралось 26 человѣкъ: тутъ были и прежде служившіе, и новые. Изъ старыхъ не явилось пятеро: трое отказались играть, а двое (Доброумовъ и Скрябинъ) уѣхали съ родителями въ Ярославль. Начальства еще не было, и мы отъ нечего дѣлать играли въ снѣжки да разсуждали кое-о-чемъ... Многіе изъ старыхъ стояли за то, чтобы умѣрить требованіе Засѣцкаго, „осадить его начальническую манеру", какъ выражался Глушицкій.

— Онъ ужъ очень много воли забралъ,—говорилъ Глушицкій,—вѣдь король-то собственно онъ, а не Аня Соколова. Что онъ скажетъ, то и ладно!.. Не захотѣлъ воевать съ прилучанами и не сталъ!..

— Да, почему это у насъ королева, господа?—замѣтилъ Левашевъ;—ну, что она смыслитъ? лучше бы избрать короля!..

— Не тебя ли!—насмѣшливо спросилъ Митя Бунаковъ.

— Зачѣмъ... мало ли...

— Господа, такъ нельзя!..—возразилъ я,—мы ей присягали и обязаны быть вѣрными... Я первый не отступлю!

— И я!

— И я!

Раздалось нѣсколько голосовъ за то, что „слово надо держать честно..."

— Но пусть она больше сама входитъ въ дѣло и не слушается Засѣцкаго,—замѣтилъ Шульцъ.

— Конечно!

— Это вѣрно!.. Она должна также принимать участіе въ игрѣ, если хочетъ быть королевой.

— Что же, ей тоже маршировать и драться?—засмѣявшись, промолвилъ Бунаковъ.

— Нѣтъ, нѣтъ! Но...

— Типле! Начальство ѣдетъ! — крикнулъ шутливо Левашевъ.

Подошелъ генералъ и адъютантъ.

— А вы зачѣмъ? — обратился Засѣцкій къ Глушицкому и Корытову. — Вы не солдаты!

— Это почему? — въ одинъ голосъ спросили оба.

— Вы не повинуетесь начальству, королевѣ...

— Мы были въ запасѣ!..

— Все равно!

— Нѣтъ, не все равно!..

— Я не принимаю васъ!

— Мало ли что!.. Надо спросить королеву!..

— Королеву! королеву! — закричало нѣсколько голосовъ.

— Зачѣмъ лишаться солдатъ? чѣмъ больше, тѣмъ лучше, — сказалъ Шульцъ.

— Вѣрно! — поддержали его.

— Безъ дисциплины нельзя! — убѣждалъ Гриша Лавдовскій.

— То запасъ, а не служба! Мы еще не играли!..

— Молчать! — вдругъ крикнулъ генералъ, — что это — бунтъ?.. Маршъ въ ряды!.. Стройся, кто уже служилъ, а остальные къ присягѣ!..

Споры умолкли. Привели новичковъ къ присягѣ, и всѣ мы выстроились на снѣгу; Глушицкій и Корытовъ также вмѣстѣ съ нами.

Тогда адъютантъ сталъ читать королевскій декретъ, которымъ вся армія призывалась на дѣйствительную службу. Королева высказывала увѣренность, что мы попрежнему съ честью будемъ выполнять свой долгъ... Затѣмъ прибавлялось: „армія сзывается не потому, что имѣется въ виду война, а съ цѣлью поддержать духъ воинственности и потому, что дальнѣйшій отдыхъ можетъ гибельно отозваться на успѣхѣ дѣла..." Декретъ былъ написанъ замысловато и, какъ оказалось, составлялся Ржаницынымъ и его братомъ, семинаристомъ, по просьбѣ Засѣцкаго. Въ заключеніе декрета,

5*

за примѣрное поведеніе во время запаса, королева производила меня въ офицеры, а Алешу Бунакова въ унтеръ офицеры.

Когда Лавдовскій кончилъ, мы дружно закричали, „ура! да здравствуетъ королева Анна I..."

Глушицкій и Корытовъ были приняты... Генералъ навѣрное настоялъ бы на своемъ, но страхъ потерять свое положеніе (раздались голоса за то, чтобы просить королеву о назначеніи генераломъ Ржаницына) заставилъ уступить общему требованію.

На другой день армія увеличилась еще 7-ю лицами, и, по утвержденіи королевой, она получила такой видъ:

Ш т а б ъ:

Генералъ Засѣцкій; адъютантъ — капитанъ Григорій Лавдовскій.

1-й полкъ.

(Командиръ п. Ржаницынъ).

1-я рота.	2-я рота.
(Ротный офицеръ Кругловъ).	(Ротный оф. Дм. Бунаковъ).
1. Костя Ратовъ.	1. Михайловъ.
2. Коля Соколовъ.	2. Свѣтлосановъ.
3. Паня Лавдовскій.	3. Рухловъ.
4. Гр. Шульцъ.	4. Пухидинскій.
5. Верщагинъ.	5. Левашевъ.
6. Фалинъ.	6. Соболевъ.
Музыкантъ полка—Лейба.	Барабанщикъ полка—Карповъ.

2-й полкъ.

(Командиръ п. Образцовъ).

1-я рота.	2-я рота.
(За ротнаго унт.-оф. Глушицкій Алексѣй).	(За ротнаго унт.-оф. Ал. Бунаковъ).
1. Маринъ.	1. Исполатовъ.
2. Сперанскій.	2. Святскій.
3. Касаткинъ.	3. Глушицкій.
4. Макаровъ.	4. Куклинъ.
5. Волковъ.	5. Монастыревъ.
Музыкантъ полка—Михей.	Барабанщикъ—Масленниковъ.

Писарь при штабѣ—Кротовъ (горбунъ).

II.

Сѣчь. — Наши постройки. — Враждебныя дѣйствія Сѣчи.

У насъ въ арміи всегда было больше порядка, чѣмъ у казаковъ. Устроивъ Сѣчь (это устройство описано въ 3 гл. 1 ч.), казаки, однако, только на первыхъ порахъ соблюдали нѣкоторый порядокъ. Прежде всего и постоянныхъ то казаковъ почти не было, за исключеніемъ Терки, Петра изъ колбасной и пономаревича... Ихъ число то увеличивалось, то уменьшалось. Сегодня какой-нибудь Васька казакъ, а завтра онъ и знать не хочетъ Сѣчь и атамана. Пройдетъ нѣсколько дней, Васька опять является... Нужны казаки для войны, Терка кличетъ ребятъ съ улицы, набираетъ, кого можно: „идите воевать, давайте драться съ барченками!" Кто хочетъ — идетъ; а желающихъ всегда много... Нашей дисциплины, за которую такъ ревностно стоялъ Засѣцкій, „уличане" не вынесли бы; она и нашихъ подчасъ тяготила, а тѣмъ совсѣмъ была не по нутру... Терка считался „ватаманомъ", его кулака боялись, но почитать его никто не думалъ. Его ругали въ лицо, спорили, даже дрались съ нимъ и покорялись только послѣ потасовки, когда Степка по-бѣждалъ... Атаману пречувствительно доставалось иногда отъ казаковъ... Степка находилъ такое поло-женіе дѣлъ вполнѣ естественнымъ. Мы вольные ка-заки, а не солдаты, говорилъ онъ, наслушавшись раз-сказовъ пономаревича.

Сѣчь разстроилась раньше арміи. Осенью колбас-ника отправили въ Москву, къ дядѣ, а писарь За-правляйко, отца котораго перевели изъ нашего города въ дальній уѣздъ, поступилъ въ тамошнее училище. Многіе мальчишки изъ Степкиной Сѣчи попали въ ученье и разбрелись по разнымъ концамъ города... Остался у Терки одинъ пріятель, Ѳедоръ изъ сливоч-ной. Когда у насъ возобновилась армія, Степка снова открылъ Сѣчь, сдѣлавъ эсауломъ Ѳедора, а Чернаго назвалъ писаремъ... Казаки набирались попрежнему.

— Что же: будемъ воевать? — спросилъ Степанъ, встрѣтивъ меня какъ-то на улицѣ.

— Да, у насъ теперь большое войско,—отвѣтилъ я гордо.

— И мы не уступимъ,—заявилъ Терка.

— Вы? Да гдѣ у тебя казаки?..

— У меня-то? Сколько хочешь!.. Стоитъ кликнуть.

— Сбродъ разный!—съ пренебреженіемъ сказалъ я.

— Почище вашихъ-то!.. Каждый охулку на ру-ку не положитъ. Пятерыхъ вашихъ возьметъ, вотъ что!..

— У насъ законы, у насъ порядокъ... Королева, штабъ.

— Намъ этого не надоть!.. Мы вольница казацкая и насильно никого не тащимъ.

— У насъ крѣпости—новыя... изъ снѣгу... и стѣны, и все какъ слѣдуетъ... Мы водой облили крѣпко. ледъ...

— А мы разрушимъ!..

— Ну, нѣтъ!

— А вотъ гляди!.. ничего не оставимъ!

Въ тотъ же день я встрѣтилъ Чернаго, который учился въ реальномъ училищѣ.

— Карпуша,—сказалъ я,—ужели ты не перейдешь къ намъ?

— Зачѣмъ? въ денщики къ вашему генералу или калоши подавать вашей дѣвчонкѣ?

Я заступился за королеву.

— А не дѣвчонка, что ли?.. Дѣвчонка и командуетъ вами!.. вы ея горничныя!

— Это съ чего?

— А не ты съ Бунаковымъ въ театрѣ-то помогалъ ей одѣться и въ карету усаживалъ?

— Ну, такъ что же?.. это...

— Молчи ужъ лучше!.. Бабье войско!..

— А ты не былъ развѣ такимъ же?.. Не присягалъ королевѣ?

Это укололо Чернаго.

— За то я и бросилъ васъ!—произнесъ онъ, краснѣя отъ досады.—Ушелъ въ Сѣчь! И тебѣ совѣтую сдѣлать то же!..

— Ну, ужъ нѣтъ! — возразилъ я;—я не пойду къ вамъ... у васъ сбродъ... да вы и не Сѣчь, не казаки!..

— А кто же?

— Вы... разбойники... у васъ притонъ, а не Сѣчь!..

— Ахъ, ты... бабій воинъ!

— А ты... разбойникъ!..

— Молчи... денщикъ Засѣцкаго!..

— Какъ ты смѣешь?.. я ротный!.. А ты измѣнникъ!..

— Вотъ я тебя!..

Черный схватилъ комъ снѣга и бросилъ въ меня, я отвѣтилъ тѣмъ же... Неизвѣстно, чѣмъ бы кончилась наша схватка, если бы случайно не показался въ концѣ улицы Гриша Лавдовскій. Увидѣвъ его,

Черный бросился бѣжать. Скрываясь въ калиткѣ, онъ крикнулъ все же:

— Бабьи воины! идите вязать чулки для королевы!..

Я разсказалъ все Лавдовскому.

— Ну, брось ихъ!—промолвилъ Гриша;—мы вотъ ихъ побьемъ скоро!..

Наши постройки, на которыя было положено не мало труда, вышли дѣйствительно затѣйливы... Изъ снѣгу, обливая его водой, мы устроили крѣпость въ два этажа, сдѣлали высокую гору съ башенкой и острогъ, чтобы сажать виновныхъ и враговъ, и все это обвели крѣпкимъ валомъ. Угроза Степки заставила задуматься насъ всѣхъ.

— Но мы еще не воюемъ съ ними, — сказалъ Шульцъ,—они не имѣютъ права... по правиламъ...

— Какое у нихъ правило!—перебилъ Паня.—Они ничего не признаютъ...

Штабъ рѣшилъ послать къ Теркѣ меня и Глушицкаго, чтобы напомнить о томъ, что въ мирное время нельзя нападать и тайкомъ разрушать постройки... Мы объявили объ этомъ Степану, у котораго сидѣлъ Черный...

— Всѣ государства держатся этого обычая, — сказалъ я.

— А мы не государство,—сказалъ Черный, не давъ отвѣтить Степкѣ; — вы держава, армія, у васъ королева, ну, вы и соблюдайте... а мы ничего знать не хотимъ... Нападаемъ, когда хочется, и рушимъ... Вотъ и разломаемъ у васъ все...

— Стало быть, вы не казаки, а шайка разбойниковъ.

— Какъ угодно, зовите... да откуда вы это только взяли? Развѣ запорожцы не дѣлали такъ?

— Что же сказать генералу?—спросилъ я.

— Скажите ему и королевѣ, если хотите, что мы никакихъ уговоровъ не признаемъ... Вздумаемъ и все у васъ разнесемъ!.. Захотимъ и королеву вашу поколотимъ... Слыхали? такъ и скажите своимъ!..

Наши положенія были не одинаковы: казаки не имѣли никакихъ построекъ, терять и беречь имъ было нечего, а намъ предстояла большая забота — сохранить постройки... Лѣтомъ легко было караулить: и тепло, и досужно, а теперь холодно и (во время классовъ) не было времени... А ночью? вечеромъ?

Степанъ, между тѣмъ, не хвасталъ: онъ дѣйствительно разрушилъ нашу гауптвахту изъ снѣга. Крѣпость была пощажена... Генералъ получилъ по почтѣ письмо, писанное рукою Чернаго: „Вы видите, что мы сильны и можемъ вредить вамъ. Если хотите, чтобы ваши постройки остались цѣлыми — платите намъ дань: по четвертаку въ недѣлю, это намъ на лакомства... Васъ теперь много, можете сложиться, а то и королева въ силахъ платить, вѣдь, ея армія... Ждемъ до завтра. Или пришлите дань, или все будетъ разрушено. Мало того, и самой королевѣ достанется. Мы запорожцы и ничего не боимся. Мы громили и турокъ“.

Дѣлался прямой вызовъ... Оставить его безъ вниманія было нельзя: казаки могли исполнить угрозу и наши многодневные труды пропали бы ни за что.

Генералъ собралъ военный совѣтъ, пригласивъ полковыхъ и ротныхъ командировъ и по одному солдату отъ роты. Выборъ солдатъ предоставлялся ротнымъ.

III.

Военный совѣтъ.

ы собрались въ квартирѣ Засѣцкаго, который жилъ въ одномъ домѣ съ королевой. Я выбралъ изъ своей роты Паню Лавдовскаго, отъ 2-й роты явился по выбору Бунакова Рухловъ, Глушицкій Алексѣй взялъ Волкова, а 2-я рота 2-го полка прислала Куклина. Слѣдовательно, всѣхъ насъ собралось 12 человѣкъ, не считая писаря.

— Господа,—началъ Засѣцкій, когда всѣ мы усѣлись по мѣстамъ и горничная намъ подала по стакану чая,—господа, я созвалъ васъ для того, чтобы рѣшить, какъ поступить относительно казаковъ... Конечно, штабъ могъ бы рѣшить самъ, пользуясь властью и одобреніемъ королевы, но ни ея величество, ни штабъ не желаетъ, чтобы армія потомъ роптала и обвиняла ихъ въ ошибкѣ... Дѣло очень важное и касается всѣхъ.

(„Кто это сочинилъ ему рѣчь?“ шепнулъ мнѣ Глушицкій, сидѣвшій рядомъ со мною).

— Да, всѣхъ, — повторилъ генералъ, отхлебывая чаю. — Умъ хорошо, а два лучше того... и вотъ давайте, рѣшимъ всѣ сообща, а потомъ представимъ на разсмотрѣніе королевы.

(„Ну, да, т. е. его же самого, мы это знаемъ“, — шепнулъ мнѣ снова Глушицкій).

Съ минуту царило полное молчаніе... И вдругъ поднялся крикъ — заговорили чуть ли не всѣ заразъ.

Засѣцкій былъ очень предусмотриленъ и хорошо наставленъ (какъ выяснилось послѣ—Ржаницынымъ). Онъ запасся звонкомъ—и теперь, когда всѣ закричали, онъ зазвонилъ.

— Господа, къ порядку!.. Прошу васъ!..

Мало-по-малу водворилась тишина.

— Прошу васъ говорить по одному... Я за войну, господа... По-моему, нельзя прощать казакамъ... Ихъ не такъ много, чтобы бояться... Мы ихъ сломимъ... Я увѣренъ въ храбрости солдатъ и въ мудрости полководцевъ... Мы объявимъ войну и покоримъ Сѣчь. Ее надо разрушить. Иначе нельзя продолжать намъ свое дѣло... Ваше мнѣніе, полковые командиры?— обратился онъ къ Ржаницыну и Образцову.

Оба они высказались безусловно за войну... Когда очередь дошла до меня, я спросилъ:

— Будетъ ли польза отъ войны?

— То есть какъ это? — промолвилъ генералъ, непонявъ моего вопроса.

Я разъяснилъ мою мысль... Мы побьемъ казаковъ (я не сомнѣвался въ этомъ), но вѣдь, побивши, мы не свяжемъ ихъ, не спрячемъ... Кто помѣшаетъ имъ опять рушить все у насъ?

— А слово, а слово?—крикнулъ Образцовъ.

— Черный мнѣ сказалъ прямо, что они никакихъ договоровъ не признаютъ.

— Тогда они не казаки, а разбойничья шайка,— проговорилъ Волковъ.

— Пусть!.. Они не пугаются этого названія!

— Но тогда нельзя съ ними играть! — произнесъ Рухловъ,—тогда...

— Но что тогда? Вотъ вопросъ: какъ заставить Степку съ казаками не мѣшать намъ, не портить нашихъ построекъ?

— Будемте по очереди караулить, — предложилъ Паня.

— А ночью?

— А классы?

— Это невозможно.

— Но что же тогда?—задалъ вопросъ Засѣцкій.

— Привлечь ихъ на свою сторону,—предложилъ я.

— Какъ? согласиться на дань?—воскликнулъ Засѣцкій. — Вы позорите армію, ротный командиръ!.. Стыдно!..

— Да, да!..

— Ни за что!

— Дани не давать!

— Бить ихъ!

— Война!

Опять произошелъ безпорядокъ...

— Дани не нужно!—крикнулъ я изо всей силы.

— А что же?

— Просто предложить имъ поступить на службу къ королевѣ, въ видѣ отдѣльнаго войска...

— Такъ они и пойдутъ!

— На жалованіе,—сказалъ я.

— Но это дань!—возразилъ Гриша Лавдовскій.

— Нѣтъ, не дань!..

— Все равно!.. Лучше воевать... Они оскорбили королеву, ахъ надо проучить,—настаивалъ Засѣцкій.

— Безъ пользы!—сказалъ я.

— Ну, это мы увидимъ... Я ихъ научу сдерживать слово!—произнесъ гордо Ржаницынъ...

— Вы?..

— Ну, да... мой полкъ и я...

— И мой также!—подтвердилъ Образцовъ.

— Итакъ война?

— Война!

— Кто за войну—встаньте!

Встали всѣ, кромѣ меня, Глушицкаго и Пани.

— Значитъ, война!..

— Но какъ еще рѣшитъ королева, — замѣтилъ Глушицкій.

— Мы это сейчасъ узнаемъ,—сказалъ Засѣцкій.— Я схожу къ королевѣ, разскажу ей все и принесу отвѣтъ...

— Позвольте,—предложилъ Глушицкій,—нельзя ли лучше просить ее сюда?.

(„Засѣцкій тамъ ее настроитъ по-своему“, шепнулъ онъ мнѣ).

— Это неудобно,—замѣтилъ Засѣцкій.

— Почему? Мы армія, она наша королева...

— Сюда! Сюда!..

— Сходить за ней!.. Просить ее!

— Да что она смыслитъ, господа? — тихо, но довольно внятно произнесъ Образцовъ, наклоняясь къ
намъ. — Дѣвочка, ея ли это дѣло?

— Но вѣдь она королева, — сказалъ я.

— Тогда лучше вмѣсто нея короля избрать, — предложилъ Глушицкій.

— Разумѣется! — подхватилъ Ржаницынъ, — такого,
чтобы могъ вести войско...

— Господа, но вы затѣваете измѣну! — горячо возразилъ Паня; — это дѣло всей арміи...

Опять поднялся шумъ... Генералъ вновь, не безъ
усилія, призвалъ всѣхъ къ порядку... Когда все утихло—
было постановлено: сейчасъ же послать къ королевѣ
двухъ и получить отъ нея письменное рѣшеніе.

— Кто же пойдетъ?

— Мы, штабъ!.. — сказалъ генералъ.

— Нѣтъ, почему же вы только? По жребію.

— По жребію лучше!

— Но я долженъ... я генералъ — и я долженъ самъ
доложить королевѣ!

— Хорошо, но другой по жребію!

— Вотъ это такъ!..

На томъ и рѣшили.

Жребій палъ на Образцова.

— Ну, дѣло ихъ въ шляпѣ! — махнувъ рукой, промолвилъ Глушицкій.

Онъ былъ правъ: черезъ четверть часа вернулись
докладчики съ листкомъ, на которомъ стояло: „за
войну немедленно—Анна I“.

— Теперь разсуждать напрасно, — сказалъ довольнымъ тономъ генералъ: — воля королевы — законъ.

— Когда того же хочетъ и штабъ, — замѣтилъ
громко Глушицкій.

— Вы забываетесь, — грозно произнесъ генералъ, —
я исполняю волю королевы...

— А прилучане — спросилъ Алеша.

— Королева согласилась...

— Знаемъ мы это...

— Послушайте, я васъ предамъ суду!..—крикнулъ Засѣцкій.

— Некогда...

Глушицкій взялся за фуражку.

— Ну, это мы увидимъ!..—пригрозилъ генералъ.— Господа, итакъ — война!.. Будьте завтра утромъ у крѣпости... Сейчасъ штабъ и полковые командиры выработаютъ планъ войны, и завтра же — мы нападемъ на казаковъ... Господинъ писарь, останьтесь здѣсь, чтобы написать декретъ о войнѣ!..

— А все-таки мы казаковъ не смиримъ!—сказалъ я Рухлову, уходя.

— Ну, за то вздуемъ ихъ! И то хорошо... Что же и за игра въ солдаты, безъ войны?..

Вечеромъ этого дня вся армія уже узнала, что завтра начнется война. Къ Степкѣ послали писаря объявить войну. Весь вечеръ и ночь крѣпость караулили Ржаницынъ и Образцовъ, забравшись въ баню... Но Степку предупредили—и никто изъ казаковъ не явился.

IV.

Битва на Снѣжномъ Полѣ.

„Выйдутъ ли биться казаки? Сколько ихъ? Кто побѣдитъ?“

Эти вопросы занимали всю армію. Мнѣ казалось, что Степка откажется отъ войны (потому что мы дѣйствительно были сильны), но будетъ по прежнему нападать тайкомъ, мѣшая нашимъ играмъ... Я ошибся: еще съ утра на улицѣ начали образовываться кучки ребятъ; эти кучки то увеличивались, то уменьшались, переходили съ мѣста на мѣсто, исчезали куда-то совсѣмъ; два раза Степка стрѣлой пронесся по улицѣ, пробѣжалъ Черный, швырнувъ комомъ снѣга въ проходившаго Кротова; около десяти часовъ опять забѣгали уличане, скрываясь во дворъ Степки... Армія также сбиралась на свое мѣсто. Всѣхъ раньше прибѣжалъ Коля Соколовъ, которому видимо очень хотѣлось увидѣть войну и въ то же время было немножко страшно. Слабенькій, худенькій—онъ казался совсѣмъ беззащитнымъ, и я бы ни за что не взялъ его въ свою роту, если бы того не захотѣла сама королева.

Насъ собралось уже около 14 человѣкъ, когда вдругъ на Снѣжномъ Полѣ, занимавшемъ цѣлый сосѣдній большой огородъ, показалась многочисленная толпа казаковъ. Впереди шелъ Стенка — въ нагольномъ тулупѣ и въ длинныхъ сѣрыхъ валенцахъ... Толпа шла прямо на насъ.

— Казаки, казаки! — крикнулъ Коля Соколовъ тревожно...

— И прямо сюда!.. — прибавилъ Шульцъ.

Да, толпа ровно, но твердо, шла на насъ...

— Что же намъ дѣлать? — спросилъ меня Коля...

Насъ было 14 человѣкъ, — начать бой, положимъ, можно, но во 1-хъ рискованно, во 2-хъ — не было ни штаба, ни одного полкового командира, даже изъ ротныхъ находился только и одинъ; наконецъ, въ 3-хъ, я не имѣлъ права вступать въ бой безъ приказа высшаго начальства. Въ то же время нельзя было бездѣйствовать въ виду приближенія врага...

Пока я раздумывалъ, — что дѣлать, прибылъ Глушицкій, замѣнявшій командира 1-й роты 2-го полка. Но высшее начальство и полковники еше не явились. А казаки уже подходили къ нашему валу... Среди 14 человѣкъ были солдаты обоихъ полковъ и разныхъ ротъ .. Моихъ всего — 4: Соколовъ, Шульцъ, Фалинъ и Лейба — музыкантъ.

Я собралъ всѣхъ въ кругъ и предложилъ вопросъ на общее рѣшеніе... Я самъ подалъ голосъ за то, чтобы отстаивать крѣпость и защищаться, но не нападать... Всѣ согласились, что оборонительное положеніе — единственный выходъ: за это мы отвѣчать не можемъ... На томъ порѣшили, и я немедленно отправилъ Колю Соколова къ Засѣцкому. Лейба спряталъ свою свистульку въ карманъ брюкъ и приготовился тоже къ борьбѣ. Этотъ еврейчикъ, сынъ часового мастера, отлично свисталъ и наигрывалъ марши, но какъ боецъ стоилъ не многимъ больше Соколова.

Боясь, что насъ „помнутъ", я постарался удалить именно Соколова.

Казаки вдругъ остановились...

— Эй, что же вы, выходите! — закричалъ Степка...
Мы хранили молчаніе.

— А, не слышите? — повторилъ Терка... — Чего молчите-то? Выходите же, поборемся!..

Я шопотомъ отдалъ приказъ
Шульцу, и онъ, взобравшись на
валъ, громко отвѣтилъ атаману:

— Мы не будемъ нападать на
васъ... Нападайте, если вамъ не
дорога жизнь!..

— Ахъ, вы, юбочники! — закричалъ Степанъ; — еще пугать надумали!.. Да вотъ мы васъ... Ребята, бери!..

Казаки съ гиканьемъ и крикомъ полѣзли на
валъ.

— Впередъ! — скомандовалъ я и бросился тоже на
валъ. — Всѣ солдаты — за мною!..

Казаки храбро лѣзли на снѣжный валъ, рубили

6*

его палками и кидали въ насъ снѣгомъ... Наше положеніе было выгоднѣе; мы осыпали нападающихъ снѣгомъ, громили бомбами и пулями (ледяными сосульками и снѣжными шарами, изъ которыхъ многіе, ранѣе облитые водою, теперь представляли собою ледяные мячики); казакамъ доставалось сильно, особенно отъ пуль, которыя рѣзали больно лицо и руки... Стараясь взобраться на валъ, казаки должны были хвататься за снѣгъ и ледъ. Ихъ руки покраснѣли. Какъ кубари скатывались осаждающіе съ вала, но быстро вскакивали на ноги и лѣзли снова...

Прибѣжалъ Коля Соколовъ и сообщилъ, что генерала нѣтъ дома, что онъ уже давно куда-то ушелъ... Явились еще два солдата. Борьба не прекращалась. Но, несмотря на выгодное положеніе, мы чувствовали, что долго не выдержимъ. Казаки работали дружно палками и производили сильныя бреши въ валѣ... Степанъ бился отчаянно. Онъ точно не чувствовалъ ни холода, ни боли отъ пуль—и лѣзъ наверхъ... Увидавъ Соколова, онъ крикнулъ изо всей силы:—Бери вотъ этого цыганенка,—это братъ ихней королевы... Знатный выкупъ получимъ... Ѳедька, валяй!..

Я сейчасъ же оттолкнулъ Колю назадъ и велѣлъ ему не высовываться. Въ то же время всѣ мы сплотились, чтобы дружнымъ напоромъ столкнуть Степку, Ѳедора и еще двухъ казаковъ, уже почти совсѣмъ взобравшихся на валъ...

— Дружнѣе,—крикнулъ я;—если отстоимъ крѣпость—всѣмъ по кресту обѣщаю именемъ королевы!

— Ура-а!..—закричали солдаты въ отвѣтъ.

Въ этотъ мигъ Лейба какъ-то поскользнулся и, не удержавшись, полетѣлъ съ вала, къ казакамъ...

— Бери его, бери;—заорали тѣ и кинулись на Лейбу.

Тутъ я ничего уже не могъ подѣлать... Всѣ солдаты бросились съ вала цѣлою массой... Мнѣ волей-неволей пришлось кинуться за ними... Конечно, ни

Степанъ, ни Ѳедоръ не могли удержаться и, увлечен ные массой нашихъ, полетѣли внизъ... Теперь все смѣшалось... Началась общая свалка, въ которой трудно было что-нибудь разобрать... Сбѣжавъ съ ва ла, я оторвалъ Шульца отъ Фалина: Гриша принялъ своего за казака и тузилъ его, сидя на немъ. Зане сенный снѣгомъ Фалинъ только билъ ногами, но не могъ сбросить съ себя сильнаго товарища...

— Тьфу ты, — воскликнулъ Шульцъ, понявшій ошибку, и бросился на бѣжавшаго казака... Фалинъ поднялся — и снова упалъ.

Ему подставилъ ногу Ѳедоръ, сейчасъ же и на сѣвшій на него... Я хотѣлъ броситься къ нему на по мощь, какъ вдругъ раздался отчаянный крикъ Соко лова. Его схватили два казака и уже связывали ему руки...

— Тащи его, тащи въ нашу тюрьму! — кричалъ Терка, размахивавшій руками и косившій налѣво и направо солдатъ, желавшихъ схватить его.

Я бросился на помощь къ Соколову... Откинувъ въ сторону одного казака, я вступилъ въ борьбу съ другимъ, довольно сильнымъ. Признаюсь, съ нимъ я пожалуй бы и не справился, если бы не Шульцъ съ Глушицкимъ... Соколовъ тѣмъ мигомъ поднялся на ноги и бросился наутекъ... Казаки снова полетѣли за нимъ...

— Господа, — крикнулъ я, — Соколова въ плѣнъ не давать!.. За мной!

Въ пылу битвы и желая, во что бы то ни стало, спасти брата королевы отъ плѣна и побоевъ, я за былъ совсѣмъ, что крѣпость наша осталась беззащит ной... Я спохватился уже тогда, когда крикнулъ кто то изъ солдатъ: Глядите, казаки занимаютъ крѣпость!.. Я обернулся: Ѳедька, Степка и четверо казаковъ влѣзли уже на валъ и помогали своимъ взобраться на него. Нельзя было терять ни одной минуты. Хотя Коля — братъ королевы, но рядовой, а тутъ — крѣпость.

на ней знамя арміи. Приказавъ все-таки одному солдату преслѣдовать казаковъ, бѣжавшихъ за Колей, я съ остальными бросился на защиту крѣпости... Взобраться на валъ намъ было бы еще труднѣе, потому что казаки обладали и большею физической силой и превосходили насъ количествомъ. Но въ ту самую минуту, когда мы подбѣжали къ валу, а большая часть казаковъ была уже на немъ, — вдругъ раздался гдѣ-то рожокъ Михея и барабанъ Масленникова... Казаки, стоявшіе на верху вала, оглянулись и одинъ изъ нихъ закричалъ:—Наши, наши бѣгутъ...

Мои солдаты совсѣмъ было растерялись и хотѣли броситься наутекъ, но Шульцъ и Глушицкій накинулись на нихъ съ кулаками и вернули назадъ... Между тѣмъ крикъ и бой барабана приближались...

— Да тутъ и они, армія, — закричалъ съ вала Ѳедька...—Ребята, нашихъ гонятъ, держись крѣпче!.. — скомандовалъ онъ...

— Солдаты, къ намъ идетъ помощь! — крикнулъ я...—Смѣлѣй на приступъ!.. За честь арміи и королевы, впередъ!..

— Ур-а-а!..

Мы всѣ плотной массой бросились на приступъ своей собственной крѣпости.

Теперь надо объяснить, откуда взялись наши и казаки... Послѣдніе задумали воспользоваться тѣмъ планомъ, какой былъ составленъ арміей для войны съ слободчанами... Всѣмъ дѣломъ руководилъ Карпуша Черный. Онъ раздѣлилъ казаковъ на двѣ партіи: одна съ атаманомъ явилась въ огородъ, чтобы завязать съ нами бой, а другая, поменьше—съ Чернымъ во главѣ—пошла въ обходъ, чтобы въ разгаръ битвы напасть на насъ съ тылу.

Нашъ штабъ, оба полковника и около 10 человѣкъ солдатъ, отправясь на мѣсто сбора, случайно, отъ одного уличнаго мальчишки, узнали объ отрядѣ Чернаго... Они погнались за нимъ, настигли на заднемъ огородѣ и вступили въ бой... Обѣ стороны бились храбро. Черный бросался на всѣхъ, какъ кошка, но

Ржаницынъ ловко опрокинулъ его и „по-семинарски" надавалъ ему „киселя"... Наши оказались сильнѣе, казаки не выдержали и побѣжали. Армейцы, не зная

о томъ, что крѣпость уже взята случайно Степкой, гнали враговъ въ крѣпость... Такимъ образомъ, побѣдивъ, наши гнали казаковъ для соединенія ихъ со своими. Эти послѣдніе получили теперь сильное подкрѣпленіе для защиты занятой позиціи... Пришлось брать крѣпость съ двухъ сторонъ. Мы осаждали ее со стороны Снѣжнаго Поля, гдѣ валъ — вслѣдствіе того, что шелъ по берегу канавы, — былъ высокъ, а Засѣцкій съ остальными пошелъ на приступъ сзади, гдѣ валъ чуть-чуть возвышался. Казаки, раздѣлившись на двѣ партіи — отчаянно отражали нападенія... Но взобраться на валъ солдатамъ Засѣцкаго было легко... И они скоро ворвались въ крѣпость. Черный, уже взятый въ плѣнъ, во время боя какъ-то вырвался и снова кинулся въ драку... Когда часть нашихъ ворвалась въ крѣпость, Терка ринулся на нихъ, оставивъ для борьбы съ нами очень мало народа... Это помогло намъ, и мы, отражая враговъ, скоро также вскарабкались на валъ. Первымъ вскочилъ Шульцъ, за нимъ я, Глушицкій и кто-то еще... Завязалась безпорядочная свалка. Фалинъ и Лейба опять слетѣли внизъ, за ними скатились два казака; послѣ минутнаго натиска, — мы взяли верхъ, почти всѣ наши собрались — и мы, окруживъ враговъ кольцомъ, начали ихъ сжимать... Степка два раза прорывалъ кольцо, свалилъ генерала, попытался прорваться въ третій разъ, но сильныя руки Ржаницына связали его. Въ ту же минуту Образцовъ управился съ Карпушей. Оставался одинъ Ѳедоръ, но я съ Глушицкимъ связали и его. Бой еще не кончился, когда казацкіе начальники были заключены въ крѣпостной острогъ. Это — высокій чанъ изъ снѣга; внутреннія стѣнки его, облитыя водой, заледенѣли, такъ что не было никакой возможности выскочить безъ наружной помощи.

Лишенные главарей, уличане потерялись и уже слабо отбивались отъ насъ...

— Сдаетесь ли?.. — спросилъ ихъ Ржаницынъ.

Они отвѣтили бранью и еще попробовали биться. Но когда Ржаницынъ, взявшій команду въ свои руки, снова задалъ этотъ же вопросъ, многіе изъ казаковъ уже изъявили покорность... Не прошло и пяти минутъ, какъ сдались всѣ.

— Вѣдь тамъ все еще борются, — сказалъ мнѣ Фалинъ, указывая на поле.

Въ самомъ дѣлѣ, тамъ продолжали бой два казака и трое нашихъ, въ числѣ которыхъ былъ и Соколовъ. Когда одолѣвали казаки — несчастнаго Колю тащили куда-то впередъ; когда же брали верхъ наши — его волокли въ крѣпость.

Я послалъ четырехъ солдатъ — и тѣ живо рѣшили дѣло. Одинъ изъ казаковъ убѣжалъ, а другого привели въ плѣнъ. Соколовъ представлялъ изъ себя жалкую, смѣшную фигуру.

Заключеніе мира.

Начались перегозоры съ главарями...

Наше начальство, т.-е. штабъ и полковые команdiры, отправилось въ баню и велѣло привести туда атамана...

Я взялъ шестерыхъ, болѣе сильныхъ солдатъ, и отправился за Теркой... Къ острогу, съ наружной стороны, была прилажена лѣстница изъ снѣга же, въ видѣ уступовъ; на верхнемъ изъ нихъ сидѣлъ часовой, наблюдавшій за дѣйствіями плѣнныхъ... При помощи Чернаго и Ѳедора Степанъ вылѣзъ изъ острога, мы приняли его и повели къ начальству...

— Признаетъ ли атаманъ себя побѣжденнымъ?— задалъ вопросъ Ржаницынъ, которому поручилъ вести переговоры Засѣцкій, въ этотъ день совсѣмъ какъ-то стушевавшійся передъ Ржаницынымъ.

— Ну, что-жъ, взяли верхъ, такъ и взяли!—отвѣтилъ атаманъ, пожимая плечами...—Когда кому... можетъ-быть, завтра...

— Я спрашиваю, признаетъ ли атаманъ ..

— Ну, ну, ладно, признаю! — перебилъ Терка.— Чего еще?

— Желаетъ ли онъ вести переговоры о мирѣ?

— Чего тутъ говорить, побѣдили и будетъ... Вѣдь...

— Я сейчасъ сообщу условія мира,—перебилъ въ свою очередь Ржаницынъ...

Въ эту минуту отъ крѣпости донесся какой-то крикъ.

Я послалъ солдата узнать, въ чемъ дѣло. Оказалось, что двое казаковъ вступили въ борьбу съ солдатомъ, къ нимъ присоединились другіе и прекратившійся бой чуть не возобновился снова... Пришлось усмирить, а одного изъ казаковъ, зачинщиковъ, посадили въ острогъ.

Переговоры продолжались.

— Казаки признаютъ себя побѣжденными,—диктовалъ условія Ржаницынъ. — Сѣчь навсегда уничтожается... Вы перестаете быть казаками...

— Какъ это такъ? воскликнулъ Терка...

— А такъ... Вы дѣлаетесь коннымъ корвусомъ, признаете королеву нашу и своей королевой...

— Ни за что!.. Стану я слушаться вашего генерала, подставляй карманъ!

— Этого не нужно... Ты останешься начальникомъ всей кавалеріи, получаешь самъ чинъ генерала, королева даритъ тебѣ эполеты, саблю, киверъ, и ты не знаешь никакого начальства, кромѣ королевы.

— Я знать не хочу вашей королевы... Дѣвчонка...

— Не смѣть такъ отзываться объ особѣ королевы,— остановилъ Ржаницынъ;—иначе я прикажу тебя сейчасъ же предать суду.

— Ой ли?

— И тебя накажутъ жестоко... ты не забывай, что ты въ нашихъ рукахъ!

— Ахъ, вы...

Онъ рванулся, но солдаты крѣпко схватили его за руки...

— Напрасно ты такъ дѣлаешь,— спокойно произнесъ Ржаницынъ, входя въ свою роль окончательно,—

Армія сильна... Ты разбить, и если я предлагаю такія условія мира, то это очень выгодно тебѣ.. Я еще не кончилъ: ты будешь получать жалованье — 20 к. въ недѣлю.

— Это дань?

— Нѣтъ, не дань! Дани побѣдители не платятъ... Это королева будетъ платить тебѣ жалованье, какъ своему генералу... Ты признаешь ее, ее слушаешься и запрещаешь своимъ казакамъ...

— Да какъ имъ запретишь, нѣшто они мои всѣ?.. хотятъ играютъ, хотятъ нѣтъ...

— Ты наберешь извѣстное число казаковъ, остальные будутъ считаться разбойниками, и мы ихъ сумѣемъ унять... Согласенъ?

— А если нѣтъ? что тогда?

— Тогда? Тогда армія считаетъ васъ бунтовщиками... Вы побѣждены, присоединены, слѣдовательно вы подданные королевы и сражаться съ вами, какъ съ вольными казаками, мы больше не будемъ... мы станемъ ловить васъ и расправляться по своему.

— И мы такъ же съ вами!

— Можете... но вѣдь у тебя мелюзга, и то она есть, то ея нѣтъ... а насъ около 40 человѣкъ; меня и Образцова ты знаешь? я тебя, вѣдь, въ дугу согну, въ щепки искрошу... гдѣ бы ты не попался — я буду тебя бить и расправляться по-свойски... Везешь воду — я ее вылью, несешь бѣлье матери — я все раскидаю...

— Нѣтъ, ты не смѣешь... это уже не игра...

— Смѣю!.. Игра игрой... Вѣдь я до сихъ поръ тебя не трогалъ?

— Ну, нѣтъ!

— Мы играли, вели войну... тебя побѣдили, и ты долженъ покориться...

— Мало ли что... я такъ не хочу... я не хочу подчиниться королевѣ... Баба — начальникъ... Будь ты королемъ!. Тогда я соглашусь!

— Ты говоришь глупости, — замѣтилъ Ржаницынъ, взглянувъ мелькомъ на Образцова...

— А ну, такъ я не хочу... Погоди... вотъ какъ сдѣлаемъ: я не буду васъ трогать... мы не будемъ мѣшать вашимъ играмъ... но мы не знаемъ и знать не хотимъ королевы... А войну поведете — мы за васъ!.. За то и вы — за насъ, когда намъ нужно... идетъ?

Ржаницынъ подумалъ и произнесъ:

— Это надо обсудить!.. уведите военно-плѣннаго, — приказалъ мнѣ Ржаницынъ; — мы это сейчасъ рѣшимъ!

О чемъ разсуждали штабные и полковники — я не знаю, но рѣшили они скоро. Прибѣжалъ Гриша и велѣлъ привести обратно Степку.

— Ну, вотъ, атаманъ, — промолвилъ Ржаницынъ, когда мы вновь вошли съ Теркой въ баню, — мы уступимъ тебѣ, а ты намъ... ладно?

— Что такое?

— Будь по-твоему, но только такъ: ты обязанъ воевать за насъ со всѣми нашими врагами, а мы тебѣ помогатъ не обязаны, если не захотимъ, если намъ это невыгодно, неудобно... Ладно, чтоли?..

— Отчего жъ это вы-то не обязаны? — спросилъ Терка.

— Да, вѣдь, мы побѣдили... не по уговору добровольному, а какъ побѣдители беремъ съ тебя слово стоять за насъ.

— Ишь ты!.. — сказалъ Степка. — Ну, а эполеты мнѣ будутъ, аль нѣтъ?

— Ничего не будетъ... то, вѣдь, тогда...

— Ладно, ладно, и не надо!.. Не хочу итти подъ начало къ вашей королевѣ'..

— Такъ согласенъ?

— Ладно, согласенъ.

— Привести остальныхъ!

Привели Чернаго и Ѳедьку и объявили имъ о заключенномъ мирѣ.

— Согласны?

— Мнѣ что — какъ онъ! — промолвилъ Ѳедоръ, указывая рукою на Степку.

— А ты Черный?

Тотъ пожалъ плечами и произнесъ съ досадой:

— И отчего тебѣ, Степка не итти въ армію? Ты и самъ баба!

И затѣмъ добавилъ:

— Какое мнѣ дѣло — не я атаманъ... Я только больше у него не служу, а ужъ что сдѣлаю, это мнѣ знать!..

— Ты больше не казакъ? — спросилъ Ржаницынъ у Чернаго.

— Нѣтъ!..

— Отпустить его!.. Ну, атаманъ, мы тебя, твоего есаула и всѣхъ казаковъ отпускаемъ на свободу...

Завтра ты зайди сюда, здѣсь мы соберемся и подпишемъ миръ...

— Хорошо!..

Казаки отправились по домамъ... Армія также была распущена, причемъ ей отданъ приказъ собраться на другой день... Мнѣ же велѣли представить къ сегодняшнему вечеру донесеніе о боѣ, въ который пришлось вступить невольно.

VI.

Послѣ битвы.

написалъ донесеніе на цѣломъ листѣ и понесъ его къ Засѣцкому. Онъ отказался принять бумагу для передачи королевѣ.

— Почему? — спросилъ я. — Вѣдь мнѣ же велѣно было написать?

— Кто велѣлъ?

— Ржаницынъ!

— Ему и неси!

— Вѣдь, генералъ не онъ?

— Нѣтъ, вѣрно, онъ, если приказывалъ, заключалъ миръ…

— Да ты тутъ же былъ… Вѣдь ты ему позволилъ!..

— И не думалъ!.. Онъ самовольно взялъ на себя команду во время битвы, потому я…

— Постой. Да ты, вѣдь, упалъ, а потомъ отошелъ въ сторону и сталъ вытряхивать снѣгъ изъ сапога… ну, онъ и взялъ команду…

— Онъ самовольно взялъ… Онъ заключилъ миръ… а кто ему позволилъ? Развѣ онъ спросилъ королеву?

— Но ей покажутъ рѣшеніе. Она подпишетъ!

— Это ея дѣло… Я не понесу для подписи рѣшенія… Я вотъ сейчасъ пойду къ ней и разскажу все…

Онъ взялъ фуражку съ окна и хотѣлъ итти, но вдругъ остановился и обратился ко мнѣ:

— Ты за кого?

— Какъ это за кого? — спросилъ я, съ недоумѣніемъ глядя на Засѣцкаго.

— Ты за королеву или противъ нея?

— Что за вопросъ!.. Разумѣется, за нее!..

— И за меня?

— Я тебя не понимаю… ты генералъ…

— Ахъ, неужели ты ничего не понимаешь?.. Я сдѣлалъ большую ошибку, что пригласилъ въ армію этихъ семинаристовъ…

— Напротивъ, — возразилъ я, — они оказали большую услугу: Ржаницынъ рѣшилъ все дѣло, — его и Степка боится… Если бы не онъ съ Образцовымъ, Степка, навѣрное, бы прошлою ночью разрушилъ нашу крѣпость…

— Ну, это еще неизвѣстно… а впрочемъ, если тебѣ любъ Ржаницынъ, стой за него… а только… я думалъ, что ты за меня, и хотѣлъ просить королеву сдѣлать тебя полковникомъ на мѣсто Ржаницына…

— На мѣсто его?.. а онъ кѣмъ же будетъ? — спросилъ я.

— Онъ? Въ дьячки пойдетъ, — отвѣтилъ Засѣцкій

и злобно засмѣялся. — Послушай, — опять заговорилъ онъ, — Ржаницынъ хочетъ сдѣлаться генераломъ, вмѣсто меня, а то и королемъ, это ясно... Да чего: сейчасъ у меня былъ Гриша Лавдовскій и сообщилъ, что послѣ битвы Образцовъ уговаривалъ весь свой полкъ требовать производства Ржаницына въ генералы... Вотъ завтра увидишь!..

— Но королева не согласится!

— Могутъ убѣдить... а то и не надо! выберутъ королемъ того же Ржаницына, а Образцовъ будетъ генераломъ!

— Ну, нѣтъ!.. Я за королеву... я ей присягалъ и не измѣню слову!..

— Это вѣрно? ни за что не перейдешь къ нимъ?

— За королеву!

— Смотри же... Я сейчасъ буду у нея и все разскажу... Давай донесеніе... А потомъ вотъ что: завтра, ровно въ 9 часовъ утра — будь у меня... Нужно.

— Ладно.

— Но никому ни слова... слышишь, никому ни слова, о чемъ мы теперь говорили?.. Увидишь, что тебѣ же будетъ лучше!..

Вернувшись домой, я засталъ у себя Глушицкаго и Шульца.

— Откуда? Отъ Засѣцкаго? — спросили они.

— Да.

— Отдалъ свое донесеніе?

— Отдалъ...

— Что онъ, сердится поди?

— Не знаю, не замѣтилъ, — схитрилъ я. — Да отчего ему сердиться?

— Ну, какъ же... развѣ ты не знаешь?..

— Не знаю... а что?

— Да, вѣдь, онъ скоро слетитъ, — сказалъ Глушицкій; — ну, какой онъ генералъ — ни силы, ни умѣнья, только и знаетъ, что носъ задирать?.. Развѣ ему чета Ржаницынъ? Какъ ты скажешь?

— Ну, конечно, тотъ сильнѣе, — согласился я.

— Да что сильнѣе!.. А кто писалъ декретъ?.. кто всему учитъ Засѣцкаго? Нѣтъ, Ржаницынъ — вотъ генералъ... это такъ!.. Развѣ не онъ одержалъ нынче побѣду?

— Онъ много помогъ... но, вѣдь, за это его и наградятъ...

— Кто?

— Королева!

— Да какъ его наградятъ?.. крестъ дадутъ? такъ вѣдь и Засѣцкій его получитъ... А вотъ пусть-ка королева сдѣлаетъ его генераломъ!..

— А Засѣцкій какъ же?

— А его въ полковые командиры! — промолвилъ Глушицкій.

— Это несправедливо! — возразилъ я. — За что же понижать?..

— А такъ будетъ! — сказалъ увѣренно Шульцъ. — Вся армія недовольна Засѣцкимъ.

— Королева не согласится!..

— Ей объяснятъ... Я все самъ ей объясню... Да какъ она можетъ не согласиться, если ничего не знаетъ и не видитъ... Развѣ она была при битвѣ?.. Знаешь, что, по правдѣ сказать, намъ нужно было бы выбрать тогда короля, а не королеву!..

— Конечно, удобнѣе,—подтвердилъ и я.—Чего же ты во-время не говорилъ?

— Все Засѣцкій!.. Онъ хорошо зналъ, что при Соколовой будетъ королемъ-то на самомъ дѣлѣ онъ!

— Неужели ты не хочешь, чтобъ Ржаницынъ былъ генераломъ?—спросилъ меня Глушицкій.

— Какъ королева,—отвѣтилъ я уклончиво: — я ей далъ слово, и не могу измѣнить...

„Однако, что-то затѣвается", думалъ я, оставшись одинъ...—Пожалуй, Колечкѣ не усидѣть, всѣ за Ржаницына... Что же: тотъ и лучше!.. Если королева утвердитъ, я присоединяюсь... но противъ ея воли я не пойду!.."

Съ такимъ рѣшеніемъ я отправился на другой день утромъ къ Засѣцкому. Тамъ былъ уже писарь, Гриша Лавдовскій и еще трое солдатъ: Пухидинскій, Волковъ и Святскій...

— Поди-ка сюда,—позвалъ меня Засѣцкій въ слѣдующую комнату. — На, посмотри, — прибавилъ онъ, показывая мнѣ на одно мѣсто бумаги, которую держалъ въ рукахъ.

Я прочелъ слѣдующее: „полковникъ Ржаницынъ за превышеніе власти предается суду..."

— Что?.. а теперь вотъ это прочти...

И онъ указалъ мнѣ на другое мѣсто бумаги; тамъ стояло: „ротный Кругловъ за храбрость, за спасеніе брата королевы и за умѣнье распоряжаться — назначается полковымъ командиромъ и награждается звѣздою"...

— Доволенъ?—спросилъ генералъ.

— Это что же, указъ королевы?—спросилъ я.

— Да... видишь подпись: Анна I.

— Доволенъ?—снова спросилъ Засѣцкій.

Я почувствовалъ себя неловко... Награди такъ меня королева сама, зная дѣло, я былъ бы очень доволенъ. Но теперь мнѣ казалось, что эта награда являлась не наградой за битву, а за то, что я стоялъ за королеву и обѣщаюсь стоять за генерала... Не будь Ржаницына, едва ли бы Засѣцкій допустилъ меня такъ повысить.

— Развѣ ты не доволенъ?—промолвилъ Засѣцкій, видя мое смущеніе.

— Нѣтъ, не то... но... за что же Ржаницына суду?

— За то, что онъ самовольно взялъ на себя команду!..

— Но онъ храбро дрался!.. Тогда и меня судить надо...

— Тебя за что?

— Я погнался за казаками и забылъ, что крѣпость осталась безъ защиты...

— Ты спасалъ брата королевы!

— Крѣпость важнѣе рядового...

— Братъ королевы не простой рядовой... ты забываешь!

— Ну, Глушицкій и Шульцъ получили награды?—спросилъ я.

— Они? за что?

— Какъ? Я въ донесеніи указалъ и даже просилъ о наградѣ ихъ!

— Это не уйдетъ... Они очень дерзки и ихъ не надо баловать. Впрочемъ, если хочешь, ихъ можно похвалить въ указѣ!.. Я вставлю...

— Ты?

— Ну, да!.. Королева мнѣ довѣряетъ...

„А, вѣдь, Шульцъ-то не правъ“,—подумалъ я невольно...

— Да бросимъ это... а я вотъ хочу сказать тебѣ... Не всѣ за Ржаницына, и если будетъ сегодня споръ, выборъ... такъ ты за меня, да? Дай слово!.. Пухидинскій, Волковъ и Святскій за меня.

— Только?—воскликнулъ я.

— Нѣтъ, и еще... Да ты уговори свою роту... Бунаковъ уже обѣщалъ... Согласенъ?..

— Я очутился въ затруднительномъ положеніи.

— Я за королеву!—отвѣтилъ я.

— А она за меня! Слѣдовательно, и ты за меня?.. Отлично!.. Черезъ часъ сборъ... Иди же и похлопочи!..

VII

Перемѣна.

Я засталъ почти всю армію въ сборѣ. Не было
только штаба и Ржаницына. Армія находилась, видимо, въ большомъ волненіи... Она разбилась на
мелкія кучки, очень оживленно о чемъ-то разсуждав-
шія. Грушицкій переходилъ отъ одной къ другой и,
размахивая руками, горячо убѣждалъ всѣхъ въ чемъ-
то... Нѣкоторые кивали ему утвердительно головою,
другіе выслушивали молча, и очень немногіе—два-
три,—казалось, ему совсѣмъ не сочувствовали. Образцовъ сидѣлъ въ сторонѣ, наблюдая за разговари-
вавшими. Когда къ нему подходили и что-то тихо
говорили, онъ только кивалъ утвердительно головою.

Это я видѣлъ издалека, остановившись при входѣ
въ огородъ... Я догадался въ чемъ дѣло...

Но, не давая понять этого, я поздоровался съ
Образцовымъ, съ Глушицкимъ и, увидѣвъ Шульца,
что-то толковавшаго Карпову, крикнулъ Гришѣ:

— О чемъ это ты говоришь съ нимъ?

— Такъ себѣ... ничего..

— Я, вѣдь, знаю, брось, это дѣло не наше, а королевы!

— Это почему?.. Ей сидѣть въ комнатѣ все равно, а воюемъ мы...

И онъ направился къ барабанщику.

Тогда я отдалъ громко приказъ:

— Первая рота—стройся!

— Это зачѣмъ?—спросилъ Шульцъ.—Еще рано!

— Не твое дѣло, — возразилъ я; — я отдаю приказъ, и всѣ вы обязаны слушаться ротнаго...

— Это еще что за фокусы! въ родѣ...— началъ было Шульцъ.

Но я оборвалъ его:

— Рядовой Шульцъ, еще слово—и я арестую тебя!.. Рота стройся!..

Мой приказъ былъ исполненъ.

— Скажи, пожалуйста, зачѣмъ это?—спросилъ Глушицкій, подходя ко мнѣ.

— Для порядка!..

Затѣмъ я велѣлъ Лейбѣ играть маршъ и повелъ роту за баню... Отойдя на нѣсколько саженей отъ всѣхъ, я остановилъ роту и обратился къ ней со слѣдующими словами:

— Солдаты! мы всѣ присягали королевѣ... а слово надо держать! Кто его не держитъ—тотъ безчестный человѣкъ... Правда?

— Правда!—отвѣтили всѣ.

— Помните же это!.. Мы должны исполнять всякій приказъ королевы; кто бы вамъ ни приказывалъ дѣлать то, чего она не хочетъ—вы не должны!..

— А если генералъ велитъ?—спросилъ Фалинъ.

— Генералъ не пойдетъ противъ королевы!

— Да не Засѣцкій, а другой?..

— У насъ одинъ генералъ—Засѣцкій,—сказалъ я.

— А если армія его смѣнитъ?

— Безъ воли королевы нельзя смѣнить!

— Вся армія желаетъ имѣть генераломъ Ржаницына!- крикнулъ Шульцъ.

— Рядовой Шульцъ, подъ арестъ!.. — произнесъ
я...—Взять его!..

Ратовъ, Лавдовскій и Верещагинъ схватили Шульца, хотѣвшаго бѣжать.

— Въ острогъ!—скомандовалъ я... —Рота, за мной!..

— Ну, погоди, ну, погоди,- говорилъ Шульцъ;—
ты думаешь, ваша возьметъ? зазнался, что ротнымъ
сталъ... погоди!

Мы поровнялись съ крѣпостью. Въ это время сюда
подошли и генералъ съ адъютантомъ. Ржаницынъ
уже сидѣлъ рядомъ съ Образцовымъ.

— Что это? куда вы его? — спросилъ Засѣцкій,
увидѣвъ Шульца, котораго держали за руки трое
солдатъ.

— Я велѣлъ посадить подъ арестъ, — доложилъ я
генералу.

— За что?

— За дерзость и неповиновеніе мнѣ!

— А, отлично!—радостно воскликнулъ Засѣцкій и
подтвердилъ:—посадить его въ острогъ.

Я думалъ, что сейчасъ произойдетъ возмущеніе и
арестованнаго освободятъ, но ошибся: армія не сдѣ-
лала даже и попытки освободить Шульца. Его посадили туда, гдѣ вчера сидѣли плѣнники.

Засѣцкій отдалъ приказъ выстроиться. Армія вы-
строилась въ два ряда, причемъ полковые командиры
встали каждый впереди своего полка, а ротные по
краямъ полковъ.

— Ружья на караулъ!—послышалась команда генерала.

Сдѣлано—красиво и быстро.

— Адъютантъ, прочтите указъ королевы!—произнесъ Засѣцкій.

Гриша Лавдовскій громко и внятно началъ читать... Всѣ слушали со вниманіемъ... Какъ и раньше, королева благодарила войско за храбрость, хвалила за побѣду, но затѣмъ выразила неудовольствіе, что миръ заключенъ не такъ, какъ бы слѣдовало, что полковой командиръ Ржаницынъ самъ заключилъ миръ, тогда какъ это дѣло генерала, что этимъ поступкомъ нарушалась дисциплина. Условія мира все-таки королева подписала, но Ржаницынъ предавался суду.

Дальше слѣдовали награды... Но Лавдовскій не могъ продолжать чтеніе. Какъ только стало извѣстно, что Ржаницынъ предается суду, вся армія заволновалась: поднялись крики, солдаты нарушили строй и побросали ружья... Напрасно я и Бунаковъ убѣждали свои роты—насъ не слушали...

— Но слово, слово, данное королевѣ!—кричалъ я.

— Такъ нельзя! это несправедливо! Ржаницынъ лучше всѣхъ дрался!—отвѣчали намъ.

— Ржаницына генераломъ!

— Долой Засѣцкаго!

— Не хотимъ Засѣцкаго!

— Онъ все навралъ королевѣ!

— Конечно! Она не знаетъ ничего! Она не видѣла...

— Короля!—крикнулъ было Михей, но его никто не поддержалъ.

— Ржаницына генераломъ! - орали всѣ дружно.

Засѣцкій приказалъ мнѣ и Бунакову усмирить бунтовщиковъ.

Но что могли мы сдѣлать? Если бы и обѣ наши роты стояли за генерала, тогда бы пришлось открыть настоящій бой. Но этого не было. Всѣ—за Ржаницына. Да и мы съ Бунаковымъ собственно стояли не за генерала, вполнѣ раздѣляя общее мнѣніе о немъ, но за королеву...

Я попробовалъ, однако, крикнуть:

— Солдаты! Господа! именемъ королевы!..

— Долой Засѣцкаго!.. Бери его!..

На меня накинулись трое, но Бунаковъ отбросилъ ихъ.

— Да я тоже за Ржаницына! — крикнулъ я, — дайте сказать только...

— Ты не за Засѣцкаго? Ну, ладно, ладно, говори!.. — Тишина на минуту водворилась.

— Господа, — началъ я, — армія не хочетъ Засѣцкаго, (Нѣтъ, нѣтъ!) но вѣдь нельзя же избрать Ржаницына безъ воли королевы! (Она ничего не знаетъ!.. Ее обманулъ Засѣцкій!) Ну, такъ скажемъ ей всю правду, и она согласится съ нами!.. Она любить армію и всегда будетъ за правду... Мы ей дали слово и нарушить его нельзя!.. (Это вѣрно! Мы не хотимъ измѣнять! Пусть только Засѣцкаго вонъ!..) Такъ зачѣмъ же дѣло стало?.. Пойдемъ къ королевѣ... (Идемъ! идемъ!) Но, господа, не всѣмъ же!.. Я бываю у нея, я и схожу... Пусть еще кто-нибудь.. Я даю честное слово, что скажу правду!..

Поднялся опять крикъ... Одни соглашались на такое предложеніе, другіе требовали, чтобы Ржаницына сдѣлать сейчасъ генераломъ, а ужъ затѣмъ только объявить объ этомъ королевѣ. Я опять началъ доказывать, что нельзя обижать королеву, что это— позорно, мы дали слово слушаться ее...

— А если она не согласится?.. — вдругъ задалъ вопросъ кто-то.

— Тогда мы и безъ нея сдѣлаемъ!.. — отвѣтилъ Глушицкій.

— Это бунтъ! — крикнулъ Засѣцкій, — я сейчасъ пойду тоже къ королевѣ и скажу все...

И онъ пошелъ...

Терка давно уже былъ у крѣпости.

— Это что же? — обратился онъ ко мнѣ: — бунтъ у васъ?.. Кольку-то вонъ?.. по шеѣ?.. Стало быть, Ржаницынъ генералъ?.. А королемъ кто же?.. Вотъ бы его!..

Крикъ еще продолжался, когда я побѣжалъ къ королевѣ вмѣстѣ съ Алешей Бунаковымъ, котораго армія послала слѣдить за мною...

Аня брала урокъ музыки, когда мы вызвали ее.

— Что такое? — спросила она...— Сейчасъ прибѣ-галъ Коля Засѣцкій, но мама была въ залѣ, я не могла выйти...

Я кратко, но ясно, изложилъ дѣло.

— Ну вотъ, тутъ и узнавай, гдѣ прав-да,—отвѣтила она.—Я, вѣдь, сижу здѣсь—гдѣ же знать... Право, лучше бы вамъ избрать себѣ короля, а то еще и мнѣ что-нибудь сдѣлаютъ ваши солдаты...

— Да нѣтъ же,—возразилъ я; — они всѣ за васъ, вѣдь присяга... вы только теперь сдѣ-лайте такъ, какъ они хотятъ...

— А какъ же обидѣть Колю?

Она задумалась.

— Вотъ что, — рѣшила она: — я не назначаю ни-кого и не смѣняю Коли Засѣцкаго... Пусть армія дѣлаетъ, какъ хочетъ... Я разрѣшаю... И скажите вотъ что: я бы хотѣла совсѣмъ отказаться... право, это лучше!..

Мы полетѣли съ отвѣтомъ, уговорившись съ Бунаковымъ не передавать послѣднихъ словъ ко-ролевы.

— Ну, что, что? — раздалось нѣсколько голосовъ сразу...

— Королева разрѣшила дѣлать арміи, что она хочетъ!..

— Вотъ это ладно!..

— Вотъ отлично!..

— Ура-а!.. Да здравствуетъ королева! Да здравствуетъ генералъ Ржаницынъ!.

Громче всѣхъ кричалъ Шульцъ, котораго безъ меня уже выпустили.

Новый генералъ выстроилъ все войско въ одинъ рядъ, прошелъ мимо его и громко, отчетливо произнесъ:

— Здорово, ребята!

— Здравія желаемъ, ваше провосходительство!..

— Поздравляю васъ съ побѣдой.

— Ура-а!..

— Я назначаю своимъ адъютантомъ Образцова!.. Согласны?

— Согласны!.. Ура!..

— Теперь всё по домамъ, а въ слѣдующее воскресенье (было уже Крещенье и на завтра начинались классы) будьте здѣсь снова!

Онъ помолчалъ и добавилъ:

— Я сдѣлаю смотръ всей арміи... Степанъ, и ты собери своихъ казаковъ...

— Зачѣмъ?

— Такъ надо... Парадъ сдѣлаемъ... Угощенье будетъ!..

— Что жъ, ладно, если кто пойдетъ—я созову...

— Съ пѣснями по домамъ!..—скомандовалъ новый генералъ.—Ружья вольно!..

Мы затянули:

Дѣло было подъ Полтавой—

и направились къ выходу.

Гриша Лавдовскій пошелъ съ нами же; но онъ молчалъ и чувствовалъ себя неловко.

— Ты останешься?—спросилъ я у него.

— Нѣтъ,—подумавъ, отвѣчалъ онъ;—это не игра, если силой—какая же игра!

— А Засѣцкій?

— Конечно, уйдетъ!.. Да, вѣдь, теперь когда и играть-то? Ученье, тамъ экзамены... что лѣтомъ... ну, а это еще далеко...

VIII

Король Андрей I.

Съ пятницы мы уже начали готовиться къ смотру. На большое разстояніе около крѣпости снѣгъ былъ расчищенъ. Кто-то сказалъ, что будетъ и королева. — „Правда ли это“?—спросилъ я у Коли Соколова, возвращаясь съ нимъ вмѣстѣ въ субботу изъ гимназіи.

— Не знаю, сестра ничего не говорила,—отвѣтилъ онъ.—А что?

— Да, ничего... конечно, это было бы очень недурно... а то армія ея совсѣмъ не видитъ...

— Ей неудобно,—сказалъ Коля:—холодно, а она такъ легко простужается: чуть-что—и заболитъ горло... Да знаешь,—добавилъ Соколовъ,—и не ловко...

— Отчего?

— Такъ... И то подруги смѣются... Отчего же ты, спрашиваютъ, безъ конвоя ходишь?... Пажи бы должны итти за тобой или стража почетная...

— Вѣдь, это же игра... чему тутъ смѣяться?—замѣтилъ я.

— Конечно, а все-таки смѣются...

Однако, наканунѣ смотра стало окончательно извѣстно, что королева будетъ...

Армія собралась вся, за исключеніемъ Гриши Лавдовскаго и Засѣцкаго. Мы выстроились въ рядъ, одѣтые въ гимназическія пальто, перетянутыя ремнями... Ждать генерала пришлось не долго. Онъ громко поздоровался съ нами, мы отвѣтили дружно:

— Здравія желаемъ, ваше пр-во!..

— Черезъ полчаса прибудетъ королева,—объявилъ онъ и сейчасъ же началъ предварительный смотръ. Мы маршировали на разные лады (въ одиночку, попарно, по-ротно, полками и всей арміей заразъ), бѣгали, фехтовали, ходили на примѣрный приступъ... Къ концу смотра собралось человѣкъ 10 казаковъ и явился Степанъ... Ржаницынъ уставилъ ихъ также въ рядъ, немного поодаль отъ насъ. Когда мы окончили ученье, генералъ объявилъ атаману, что желаетъ осмотрѣть и казаковъ, какъ союзниковъ, и попросилъ Степана принять команду надъ ними. Началось бѣганье казаковъ, послѣ чего они раза два прошлись „рысью", воображая, что ѣдутъ на лошадяхъ.

Когда атаманъ узналъ, что явится королева, онъ выразилъ неудовольствіе.

— Вѣдь я же сказалъ, что не хочу итти на службу къ ней,—произнесъ Степанъ.

Ржаницынъ урезонилъ его.—Это не служба—сказалъ онъ.—Ты не подданный, а только союзникъ. Но послѣ побѣды надо же чѣмъ-нибудь выразить покорность. Твои казаки—только по своей охотѣ отдадутъ честь... Не я, а ты и командовать будешь... За это королева тебя наградитъ звѣздою...

Атаманъ склонился на доводы генерала и, когда явилась королева, онъ со своими казаками также крикнулъ „ура!", хотя и не столь дружно и громко, какъ мы.

Королева была одѣта въ шубку, опушенную чернымъ барашкомъ. На головѣ—красивая барашковая шапочка... Она выглядѣла очень бодрой, свѣжей, красивой и всѣмъ чрезвычайно понравилась... Поздоровавшись, она выразила радость, что видитъ армію, которую давно не видѣла, поблагодарила всѣхъ и затѣмъ вдругъ неожиданно добавила:

— Но я очень рѣдко могу видѣть васъ, здоровье мое слабо... Армія увеличивается, надо иначе вести дѣло... я не могу этого... король будетъ удобнѣе и полезнѣе арміи теперь... Я слагаю съ себя званіе королевы... изберите себѣ короля!..

Мы молчали... Мы не знали, что отвѣтить на такую неожиданную рѣчь... Ржаницынъ первый заговорилъ:

— Вы огорчаете армію вашимъ отказомъ... Всѣ поражены имъ... Я прошу отъ лица всей арміи — не покидать насъ!.

Но королева осталась непреклонной... Ни убѣжденія генерала, ни просьбы большей части арміи не измѣнили ея рѣшенія...

— Нѣтъ, нѣтъ, я не могу, — повторила она... — Изберите себѣ короля... Да чего же: вы, генералъ, всѣхъ достойнѣе быть имъ... Вы храбры, сильны и опытны...

И вдругъ она очень смѣло обратилась къ намъ:

— Хотите, солдаты, имѣть королемъ его? — она указала на Ржаницына...—Я предлагаю вамъ его избрать!

— Ура!—закричали мы...

— Согласны?

— Согласны! Согласны!..

— Да здравствуетъ король Андрей II..—крикнула Аня.

— Ура! да здравствуетъ король Андрей I-й!

Мы хотѣли подхватить его на руки, но онъ остановилъ насъ и громко крикнулъ:

— Въ ряды! Стройся!

И все, что мы дѣлали недавно въ видѣ репетиціи, мы повторили теперь передъ своей бывшей королевой, повинуясь командѣ вновь избраннаго короля.

Розовыя щечки Ани начали синѣть, — и она поспѣшила удалиться. Мы проводили ее до воротъ огорода съ криками „ура“!..

Степанъ былъ очень доволенъ, что король, замѣнилъ королеву, и выразилъ желаніе примкнуть къ арміи.

Король сейчасъ же привелъ его и казаковъ къ присягѣ и объявилъ ихъ кавалерійскимъ корпусомъ... На другой день всѣ солдаты и офицеры получили по медали на память о королевѣ... Атаманъ звѣзду; я и старшій Бунаковъ произведены въ полковые командиры; а Шульцъ и Рухловъ сдѣланы ротными. Шульцъ 1-й роты, Рухловъ 2-й. Назначеніе меня и Бунакова состоялось по просьбѣ и желанію королевы..

* * *

„Черный снова поступаетъ въ армію“...

Это извѣстіе, сообщенное впервые Паней Лавдовскимъ, удивило всѣхъ.

— Слышалъ?—обратился ко мнѣ Верещагинъ, встрѣтившись со мною въ коридорѣ гимназіи.

— Что?

— Черный опять къ намъ переходитъ.

— Не можетъ быть!..

— Вѣрно!..

Я сообщилъ новость Шульцу, и тотъ въ свою очередь изумился...

— Я думаю, что это ложь,—рѣшилъ онъ.

Извѣстіе оказалось, дѣйствительно, справедливымъ, хотя и не совсѣмъ точнымъ... Выйдя изъ казаковъ, Карпуша уже не хотѣлъ возвращаться къ Степану. Но когда королемъ сдѣлался Ржаницынъ, Черный явился къ нему съ новымъ предложеніемъ.

— У васъ теперь Степка въ родѣ кавалеріи, да? спросилъ онъ у короля.

— Да...

— А артиллерія у васъ есть?

— Нѣтъ...

— Ну, вотъ!.. Какая же это армія безъ артиллеріи... У всѣхъ армій есть артиллерія... Правда?

Король согласился, что дѣйствительно во всѣхъ арміяхъ существуетъ артиллерія...

— А хотите, и у васъ будетъ? Я соберу мальчишекъ и образую артиллерію... Только ужъ я буду ея генераломъ, совсѣмъ особымъ начальникомъ, никому не подчиненнымъ!..

— А мнѣ?—спросилъ Ржаницынъ.

— Ну, тебѣ, конечно, буду, потому что ты король... Но больше никому...

— Погоди... Но какая же вы артиллерія, если у васъ нѣтъ пушекъ?

— Все будетъ, все...

— Гдѣ жъ вы возьмете?

— Найдемъ ужъ... Это не ваше дѣло... Будутъ и пушки и все, какъ слѣдуетъ... Согласенъ?

8*

Король согласился, но съ условіемъ, что прежде, чѣмъ дастъ Черному званіе генерала отъ артиллеріи—тотъ покажетъ свои орудія. На томъ и порѣшили.

Черезъ десять дней—артиллерія была готова... Мы знали объ этомъ, но какъ все устроено—не знали, и потому собрались съ особеннымъ интересомъ на новый смотръ, который происходилъ на масленицѣ.

— Какія же у нихъ пушки?—задавали мы вопросъ другъ другу...

Но вотъ показалось вдали и новое войско или, правильнѣе сказать, новая часть нашего войска, подъ предводительствомъ генерала Чернаго...

Впереди шло шесть человѣкъ артиллеристовъ, а за ними двигались орудія.

Вы, конечно, видѣли, читатели, двухколесную ручную телѣжку, на которой возятъ воду или бѣлье?—Она не особенно тяжела, и ее съ грузомъ взрослый везетъ безъ всякаго труда. Пустую—въ силахъ везти и мальчикъ. И вотъ мы увидѣли двѣ такихъ телѣжки, каждую везли по два мальчика; на доскѣ телѣжки куда кладутъ грузъ—стояла обыкновенная, игрушечная пушка. За орудіями шло четверо солдатъ. Карпуша, въ шапкѣ съ султаномъ, важно шелъ сбоку.

Артиллерія помѣстилась слѣва отъ насъ, а кавалерія справа... Каждая часть войска имѣла своего генерала.

— Теперь совсѣмъ хорошо, точно и взаправду все,—произнесъ Паня...

— Вотъ, вотъ!—радостно поддакнулъ Соколовъ.

— Откуда только Черный набралъ себѣ солдатъ?

Ихъ всѣхъ было 14 человѣкъ, изъ нихъ 6 реалистовъ и 4 ученика уѣзднаго училища. Лошадей изображали четверо уличанъ, какъ оказалось потомъ, за плату: всякій разъ, когда они должны были являться конями—имъ выдавалось или по 3 копейки, или соотвѣтственное количество пряниковъ... Затѣя Чернаго всѣмъ очень понравилась... Смотръ прошелъ необыкновенно оживленно. Мы маршировали, кавалерія то неслась рысью, то галопомъ... Артиллерія—величаво проѣхала мимо короля, а потомъ стрѣляла изъ пушекъ (горохомъ).

— Ну, Степанъ,—смѣясь сказали ему послѣ смотра,— находи и ты себѣ кого-нибудь въ лошади... Пусть тебя везетъ

Раздался общій смѣхъ.

— Куда, я замучаю,—широко осклабившись, отвѣтилъ генералъ отъ кавалеріи, очень гордившійся звѣздой и эполетами.

— А, вѣдь, лучше, что у насъ теперь король,—обратился ко мнѣ Паня;—видишь, и Черный присталъ, и Степка.. Да онъ и самъ видитъ, что неладно, всегда съ нами.. А дѣвочкѣ такъ неудобно.

Съ этимъ нельзя было не согласиться.

Гриша Лавдовскій. отказавшійся продолжать игры, однако вновь присоединился къ намъ, въ качествѣ второго адъютанта. Но Засѣцкій считалъ себя страшно обиженнымъ и не хотѣлъ имѣть никакого дѣла съ арміей, съ ея „лже-королемъ“, какъ звалъ онъ Ржаницына

IX.

Флотъ. — Послѣднее слово объ арміи.

Въ учебное время наши игры происходили съ большими перерывами. Мы собирались на ученье только по воскресеньямъ, а если было много классной работы, то пропускали иногда и праздники.

Вообще въ это время армія никогда почти не сбиралась въ полномъ составѣ... Кавалерія была болѣе аккуратна, но артиллерія, по той же причинѣ, что и мы, также часто манкировала сборами... Конечно, иначе не могло и быть. Въ этомъ случаѣ огромную пользу принесла кавалерія... Король и пользовался ею. Такъ, кавалерію одну послали наказать „приходчину", т.-е. учениковъ приходскаго училища, осмѣлившихся смѣяться надъ гимназистками, знакомыми королю, и надъ подругами младшей сестры бывшей королевы. Генералъ Терка налетѣлъ со своими молодцами на враговъ и проучилъ ихъ.

— Если еще вздумаете дѣлать то же, будетъ хуже! — пригрозилъ онъ.

Тѣ не посмѣли повторить своихъ шалостей...

Кавалерія же слетала въ Прилуки и достала обратно двухъ щенковъ, утащенныхъ какимъ-то прилучаниномъ у одного изъ нашихъ солдатъ... Взять обратно щенковъ удалось только послѣ жаркой схватки, причемъ одному изъ кавалеристовъ пришлось поплатиться своей шапкой, которую онъ потерялъ въ битвѣ и не могъ найти ее послѣ.

За всѣ такіе подвиги кавалерія получала награды, и Степанъ былъ очень доволенъ порученіями, даваемыми его корпусу... Число кавалеристовъ возростало.

Около Пасхи Засѣцкій переѣхалъ изъ нашей улицы на Воскресенскую набережную, въ самый конецъ города.

Не прошло и недѣли, какъ до насъ дошло извѣстіе, что Засѣцкій хочетъ основать особую морскую державу, завести флотъ и начать съ нами войну...

Намъ это не показалось опаснымъ, но на мысли Засѣцкаго остановилось вниманіе короля, и онъ рѣшилъ весною завести у себя тоже флотъ. Для перваго раза довольно одного корабля. А тамъ дальше— можно добыть на войнѣ и еще одну, двѣ лодки...

Экзамены, начавшіеся вскорѣ послѣ Пасхи, на время совсѣмъ заставили насъ забыть объ играхъ. Экзамены наступили и у короля съ адъютантомъ. Всѣ мы засѣли за книжки и ревностно начали повторять, выкинувъ изъ головы все относящееся до арміи, до войны и т. п. Мы думали только о томъ, чтобы не провалиться на предстоящихъ испытаніяхъ...

Для всѣхъ насъ, кромѣ Шульца, они прошли благополучно. Шульцъ „срѣзался“ изъ трехъ предметовъ, и ему пришлось оставить гимназію, такъ какъ онъ сидѣлъ уже два года въ одномъ классѣ.

Точно гора упала съ плечъ, когда мы покончили съ экзаменами... Первые дни мы всѣ были полны своимъ счастіемъ — и наслаждались имъ. А тутъ вспомнили и объ играхъ, благодаря Засѣцкому, который, дѣйствительно, началъ формировать особое войско...

Наша армія измѣнилась въ составѣ. Нѣкоторые уѣхали въ деревню, другіе—въ дальніе города, на родину. Но вмѣсто уѣхавшихъ вступили новые, и количественно армія почти осталась такою же.

Ржаницынъ не любилъ дремать—и энергично принялся за устройство флота... Лодка была куплена за три рубли; оставалось сдѣлать парусъ, флагъ и дать названіе кораблю...

Его назвали—„Побѣда“, и чуть ли не вся армія отправилась за городъ смолить корабль... „Побѣду“ вела на буксирѣ другая лодка, которую наняли на сутки. Съ пѣснями мы ѣхали въ оба конца, но туда на чужой лодкѣ, а назадъ на своемъ кораблѣ, съ флагомъ. Весело провели мы весь день—ясный и жаркій: ловили рыбу, разводили костры и варили превосходную ушицу... Кавалерія и артиллерія также находилась съ нами, но вторая, конечно, безъ орудій. Мы смолили лодку невдалекѣ отъ Прилукъ. Прилучане сдѣлали попытку напасть на насъ и отнять лодку, но силы ихъ оказались гораздо слабѣе, и мы, разбивъ враговъ на голову, прогнали ихъ домой и захватили двоихъ въ плѣнъ. Въ городъ мы возвратились поздно вечеромъ, раздѣлившись на двѣ части: одни плыли на просохшей уже лодкѣ, и другіе шли берегомъ. Обоихъ плѣнниковъ, въ видѣ трофея, мы провели до заставы и отпустили обратно домой...

Почти у самой заставы—играли въ лапту слободчане. Увидѣвъ насъ, они стремглавъ бросились домой... Теперь армія представляла изъ себя такую силу, которой боялись уличные ребята...

Мы торжественно вступили въ городъ и черезъ огороды добрались до своей гауптвахты... Ѣхавшіе на лодкѣ прибыли часомъ позже... Мы всѣ устали— и король не сталъ дѣлать смотра; онъ только поздравилъ насъ съ основаніемъ флота, назначивъ его начальникомъ Михайлова, прекраснаго гребца, умѣвшаго отлично управлять парусомъ и плававшаго какъ рыба.

Мы разошлись по домамъ, съ тѣмъ, чтобы со-

браться на слѣдующій день для ученья и ознакомле-нія съ расписаніемъ о загородныхъ экскурсіяхъ всей арміи и отдѣльныхъ ея частей...

Съ этою сладкою мечтою я заснулъ и съ нею же проснулся рано утромъ, на другой день.

Меня ждали два извѣстія: во-первыхъ „Побѣду" кто-то укралъ. Безъ сомнѣнія, эта новость меня страшно бы опечалила, если бы я не былъ пораженъ другой, болѣе важной: матушка объявила, что мы ѣдемъ въ Тамбовъ къ дядѣ.

— Какъ, а ученье? армія? - растерянно спросилъ я.

Сестры громко засмѣялись, а матушка промолвила съ доброй улыбкой:

— Ну, дѣлать нечего, возьми у твоего генерала отпускъ... Мы, вѣдь, въ августѣ вернемся...

Но мнѣ уже не пришлось возвратиться на родину. Дядя скоро овдовѣлъ и упросилъ матушку остаться жить у него. Я поступилъ въ Тамбовскую гимназію. Въ первый годъ я послалъ два письма къ Панѣ Лавдовскому—и онъ охотно отвѣчалъ мнѣ... въ послѣднемъ письмѣ онъ извѣщалъ, что Терка отданъ въ ученье, а Ржаницынъ поступилъ въ семинарію и отказался отъ игръ... Избрали ли кого-нибудь другого королемъ и кого именно—Пани не писалъ. Долго ли армія продолжала свое существованіе послѣ моего отъѣзда—я такъ и не знаю до сихъ поръ.

Заключеніе.

Прошло много лѣтъ. Всѣ мы, бывшіе солдаты этой дѣтской арміи — давно несемъ настоящую, серьезную службу: Паня — гдѣ-то врачемъ, Глушицкій — учительствуетъ, а Шульцъ, Засѣцкій, Митя Бунаковъ — храбро дрались въ послѣднюю турецкую войну на Балканахъ и получили Георгіевскіе кресты. О судьбѣ остальныхъ — я ничего не могу сказать. Впрочемъ недавно узналъ, что Ржаницынъ дьяконствуетъ въ селѣ, а наша бывшая королева живетъ гдѣ-то на югѣ и даетъ уроки музыки.

Давно канули въ вѣчность тѣ годы, когда я, „горделиво, на палочкѣ длинной, въ красной каскѣ, гарцуя передъ строемъ“, воображалъ себя полководцемъ, — но и до сихъ поръ, возвращаясь мыслію къ прошлому, я съ теплымъ чувствомъ вспоминаю наши игры... Мнѣ дорого и пріятно то, что и тогда мы стояли за правду, защищая обиженныхъ, воюя съ тѣми, кто дѣлалъ имъ зло... Вспоминаютъ ли остальные мои товарищи свои игры съ тѣмъ же чувствомъ, какъ и я?..

Гуляя какъ-то по всполью, за заставой небольшого городка, на югѣ Россіи, я наткнулся на кучку ребятокъ... Ихъ было человѣкъ десять. Самый старшій начальствовалъ надъ ними, и они послушно маршировали подъ его команду...

Все прошлое со всѣми подробностями припомнилось мнѣ—и вдругъ у меня явилось желаніе занести его на бумагу, разсказать и другимъ, какъ мы играли въ солдатики...

О, свѣтлое дѣтство! О, свѣтлыя грезы?
Васъ время смахнуло всесильнымъ крыломъ.
Но я, сквозь житейскія, горькія слезы,
Вамъ улыбаюсь тайкомъ!..

Самара. іюль, 1888.

КОНЕЦЪ.

ОГЛАВЛЕНІЕ.

I.

Часть I.

Часть II.

Въ книжномъ складѣ М. В. КЛЮКИНА,

между прочимъ, продаются слѣдующія книги:

Изданія для дѣтей.

А. В. Разсказы о русскихъ самоучкахъ. 1 и 2 в., ц. 35 к.

Андерсенъ, Г. Избранныя сказки. Переводъ подъ ред. М. Васильева, съ рис., изд. 3-е, ц. 40 к. Въ папкѣ 55 к.

— Собраніе сказокъ. 25 выпусковъ по возрастамъ. Пер. подъ ред. М. Васильева, съ рис. Вышли 1, 2 и 6, ц. по 25 к.

— Четыре разсказа. Перев. подъ ред. М. Васильева. Съ рис., ц. 20 к., въ пап. 35 к.

Бизлей. Разсказы изъ Римской исторіи. Новое изд. дополн., М. 1901 г. ц. 40 к. Въ папкѣ ц. 55 к.

Беклей, Ар. Жизнь и ея дѣти. Очерки изъ жизни животныхъ, отъ простѣйшихъ до насѣкомыхъ. Съ рис. Пер. подъ ред. А. Никольскаго. М. 1901 г., ц. 1 р.

Брассей, А. „Вокругъ свѣта въ одиннадцать мѣсяцевъ". Путевыя записки, съ рис., ц. 1 р. Въ папкѣ ц. 1 р. 25 к.

Бѣлоусовъ, И. А. „Малыши". Разск. в стихотвор. для дѣтей. Съ 35 рис. Изд. 3-е. М. 900 г., ц. 30 к. Въ папкѣ ц. 45 к.

— „Моимъ дѣткамъ". Разск. и стихотв. для маленькихъ дѣтей. Съ рис. Изд. 3-е. М. 1900 г. ц. 25 к. Въ папкѣ ц. 40 к.

— „Росинки". Разск. и стихотв. для дѣтей, съ рис., ц. 35 к. Въ папкѣ ц. 50 к.

— Мамины сказки. Съ рис., ц. 30 к. Въ папкѣ ц. 45 к.

Васильевъ, М. „Въ лѣсу и въ полѣ". Разск. для дѣтей. Съ 28 рис. въ текстѣ. Изд. 5-е. М. 904 г. ц. 30 к. Въ пап. ц. 45 к.

— „Ребятки". Разск. и сказ. для маленькихъ дѣтей. Съ 50 рис. въ тек. Изд. 3-е. М. 98 г., ц. 45 к. Въ папкѣ ц. 60 к.

— „Гурьбой". Разск. и сказ. для маленькихъ дѣтей. Съ 25 рис. Изд. 3-е. М. 1901 г., ц. 25 к. Въ папкѣ ц. 45 к.

— „Изъ природы". Разск. и сказки изъ жизни и природы. Для дѣтей младшаго возраста, съ рис. М. 98 г. ц. 30 к. Въ папкѣ 45 к.

— „Изъ дѣтства". Воспом. и разс. для дѣтей, съ рис. Изд. 2-е. М. 901 г., ц. 30 к. Въ папкѣ 45 к.

— „Разскажи мнѣ". Разск. изъ естеств. исторіи для млад. возр., съ рис. 64 стр. М. 99 г., ц. 30 к. Въ папкѣ 45 к.

— Изъ родного быта. Разск. для дѣтей, съ рисун., ц. 30 к. Въ папкѣ 45 к.

— Изъ простой жизни. Разск. для дѣтей, съ рисун., ц. 30 к. Въ папкѣ 45 к.

— Сказки жизни и природы рус. писат. съ рис. Въ папкѣ 1 р.

— „Подростки". Разсказы и сказки русскихъ писателей, съ рис. Литвиненко. М. 99 г., ц. 35 к. Въ папкѣ 50 к.

— Посѣвы. Сборникъ духовныхъ стихотвореній, ц. 40 к. Въ папкѣ 55 к.

— Изъ прошлаго земли русской. Сборн. стихотвор. истор. содержан. изъ русскихъ поэтовъ. Вып. I. Древняя Русь. М. 1901 г. ц. 50 к. Въ папкѣ 65 к.

— Тоже, выпускъ II. Новая Русь, цѣна 50 к. Въ папкѣ 65 к.

— Тоже, выпускъ III. Богатыри, 50 к.

Владимирова, А. К. Въ Африкѣ въ рѣкѣ Конго, перев. съ англійск., съ рисунками, ц. 30 к. Въ папкѣ 45 к.

Голова, Е. „Подруги". Разсказы для дѣтей, съ рис. М. 1903 г., ц. 35 к. Въ папкѣ 50 коп.

Гофманъ и Гриммъ. Волшебныя сказки для дѣтей. Съ раскр. рисунк. М. 99 г. Въ папкѣ 1 р. 25 к.

Гофманъ. Волшебныя сказки. Съ рис. М. 99 г., ц. 80 к. Въ папкѣ 1 р.

Гофманъ, Ф. Бѣдный мальчикъ. Повѣсть для дѣтей, съ рис. М. 902 г., ц. 65 к. Въ коленк. пер. 1 р. 25 к.

Гриммъ, братья. Библіотека сказокъ, собранныхъ бр. Гриммъ. Перев. подъ редакц. А. Терешкевича. Изд. 2-е, кн. 1—2 младшій возрастъ; 3, 4, 5, 6—средній возрастъ; 7, 8, 9 и 10 старшій возрастъ, съ рисун. ц. по 20 к. Въ папкѣ по 2 вып. 50 к.

— „Дѣдушкины сказки". 8 избр. сказокъ съ рисун. М. 99 г., ц. 35 к. Въ папкѣ ц. 50 к.

Диккенсъ. Скряга Скруджъ или три добрыхъ духа. Перев. Сердобольскаго. Изданіе 4-е. М. 1904 г. ц. 35 к.

— Малютка Тимъ и др. разск. для дѣтей. Съ рис. М. 902 г. ц. 45 к. Въ папкѣ ц. 60 к.

Догановичъ, А. Отзывчивыя сердца. Разс. для дѣтей, съ рис. М. 1904 г. цѣна 45 к. Въ папкѣ 60 к.

— „Васильки". Разс. и сказ. для мал. дѣт., съ 20 рис. М. 98 г. ц. 30 коп. Въ папкѣ 45 коп.

Джонисонъ. Леди Джэнъ. Пов. съ рис. М. 99 г., ц. 80 к. Въ папкѣ 1 р.

Епифановъ, Ив. Игорь Князь Новгородъ-Сѣверскій. Истор. разск. съ рисунк. ц. 20 к. Въ папкѣ 35 к.

— Герой былого времени. Истор. пов.

изъ жизни Князя Александра Невскаго. Съ рисунк. ц. 30 к. Въ папкѣ 45 к.

Жоржъ-Зандъ. Похожденія Грибуля. Съ рисун. ц. 45 к. Въ папкѣ 60 к.

Козлова. Ноющій Камень. Кавказск. легенда. Съ рис., ц. 30 к. Въ папкѣ 45 к.

— Колько. Разсказъ. Съ рис., ц. 25 к. Въ папкѣ 40 к.

Коринфскій, А. А. „На ранней зорькѣ". Стихотворенія для дѣтей, съ рис. Спб. 96 г. ц. 50 к. Въ папкѣ 70 к.

Кругловъ, А. В. „Превращенія Зины". Разск. для дѣтей младш. возр. съ рис., изд. 2-е М. 900 г. ц. 30 к. Въ папкѣ 45 к.

— „Все пріятели". Разс. для дѣтей младш. возраста, съ рис. Изд. 3-е М. 1903 г. Цѣна 30 к. Въ папкѣ 45 к.

— Далекое Рождество. Изъ дѣт. вос., съ рис. Изд. 2-е, М. 99 г. ц. 30 к. Въ пап. 45 к.

— „Въ гостяхъ. Въ Крыму". Очеркъ. Изъ разс. пріят. Изд. 2-е, съ рис. ц. 20 к. Въ пап. 35 к.

— „Котофей Котофеичъ". Пов. для дѣтей, съ рис. Изд. 3-е. ц. въ пап. 1 р.

— „Первое говѣнье" (изъ дѣтскихъ воспоминаній). Съ рис. Изд. 2-е. М. 900 г. ц. 40 к. Въ папкѣ 55 к.

— „Изъ золотого дѣтства". Повѣсть для дѣтей въ 55 рисун. въ текстѣ. Изд. 4-е. М. 1903 г. ц. въ папкѣ 1 р.

— „Разныя разсказы". Для дѣтей школ. воз. (2-е изд. книги Подарокъ на елку). Съ рис. М. 98 г. Въ папкѣ 1 р. 25 к.

— „За чужимъ горбомъ". Пов. для дѣтей. Съ рис. ц. 80 к. Въ папкѣ 1 р.

— Пазоръ и Одо. Пов. для дѣтей. М. 1901 г. ц. 30 к. Въ папкѣ 45 к.

— Разными дорогами. Пов. для дѣтей Изд. 2-е М. 1901 г. ц. 1 р. Въ пап. 1 р. 25 к.

— Сердобольныя. Разск. М. 901 г. цѣна 25 к. Въ папкѣ 40 к.

— На скользкомъ пути. Разск. для дѣтей съ рис., ц. 30 к. Въ папкѣ 45 к.

Кругловъ и Догановичъ. „Маша". Пов. съ рисунк. М. Михайлова. Изд. 3-е. ц. 40 к. Въ папкѣ 55 к.

Лаухина, М. „Крысанка разбойникъ". Пов. для дѣтей. Съ рис. ц. 80 к. Въ пап. 1 р.

— Соловейко. Разск. для дѣтей. Съ рис. ц. 25 к. Въ папкѣ 40 к.

— Свѣтлые дни. Разск. Съ рис. ц. 25 к. Въ папкѣ 40 к.

— Пріемышъ. Повѣсть изъ жизни одной дѣвочки. ц. 35 к. Въ папкѣ 50 к.

Леббонъ, Дж. „Красоты природы и ея чудеса" Перев. съ англ. Изд. 2-е М. 1902 г. ц. 65 к. Въ папкѣ 80 к.

Лукашевичъ. Свѣтлячокъ. Разсказы, сказки и сценки для мал. дѣтей. Съ рисунк. М. 98 г. Въ папкѣ 80 к.

Лукьяновскій. Русск. народ. сказки и были. Съ рисунк., 2 т., ц. по 80 к. Въ пап. со 1 р.

— Сказаніе о томъ, какъ построена церковь Трифона, ц. 20 к. Въ папкѣ 30 к.

Лѣсничій, Ан. Приключенія Ивасека, малей. хохла. Поэма въ стих. Изд. 2-е. М. 96 г. ц. 30 к. Въ папкѣ 45 к.

Любичъ-Кошуровъ. Въ царствѣ пчелъ и муравьевъ. Пов. Съ рис., ц. 30 к., въ пап. 45 к.

— „Подкидышъ". Разсказъ изъ жизни птицъ. Съ рис. ц. 30 к. Въ папкѣ 45 к.

— Во имя любви, разск. Съ рисунк. ц. 25 к. Въ папкѣ 40 к.

Любичъ-Кошуровъ и Медвѣдевъ. Въ стойлахъ. Изъ жизни лошадей. Съ рис. ц. 35 к. Въ папкѣ 50 к.

— „Друзья-пріятели". Разсказъ изъ жизни животн. Съ рис. ц. 75 к. Въ пап. 1 р.

Львовичъ, В. По родному краю. Сборникъ статей по отечествовѣдѣнію. Книга для чтенія въ школѣ и дома. М. 1902 г. ц. 1 р. Въ папкѣ 1 р. 25 к.

— Народы русскаго царства. Сборникъ статей по этнографіи. Книга для чтенія въ школѣ и дома. Съ рисун. въ текстѣ. М. 1902 г. ц., 2 р. Въ перен. 2 р. 50 к.

Маутнеръ. Исторія бѣднаго Оеи. Прикл. маленькаго словака. ц. 30 коп. Въ папкѣ 45 к.

Медвѣдевъ, А. Первые шаги. Разск. для дѣтей. Съ рис. ц. 30 к. Въ папкѣ 45 к.

— Изъ жизни писателей. Воспом. для дѣтей. ц. 45 к. Въ папкѣ 60 к.

— Господинъ Котинъ. Разск. Съ рисунк. ц. 30 к. Въ папкѣ 45 к.

— Въ гимназіи. Стран. изъ воспоминаній. ц. 1 р. 25 к.

Митропольскій, Ив. Изъ жизни. Разск. для дѣтей, съ рис. М. 99 г. ц. 40 к. Въ папкѣ 55 к.

— „Рыцарь". Разск. изъ исторіи одного медвѣдя. М. 1900 г. ц. 25 к. Въ пап. 40 к.

— Сторожъ и др. разск. съ рис. М. 902 г. ц. 30 к. Въ папкѣ 45 к.

— Артемовы питомцы (Три арапчика). Разсказъ. Съ рис. ц. 30 к. Въ папкѣ 45 к.

— Оедоръ Коробейникъ и друг. разск. Съ рис. ц. 30 к. Въ папкѣ 45 к.

— Тяжелый годъ. Разсказы изъ 1812 г. Съ рисунк. ц. 40 к. Въ папкѣ 55 к.

— Муравьи спасители и др. разск. для дѣтей, съ рисун. ц. 30 к. Въ папкѣ 45 к.

Монгомери. Его не поняли. Повѣсть для дѣтей. М. 901 г. ц. 45 к. Въ папкѣ 60 к.

Мюзереръ. Пережитое. Воспом. Съ рис. ц. 50 к. Въ папкѣ 65 к.

Николаевъ. Палестина. Геогр. очеркъ. ц. 20 к.

Никольскій, А. М. Уроки жизни. М. 1902 г. к. 50 к. Въ папкѣ 65 к.

— Наши животныя. Очерки съ рисунк. М. 902 г., ц. 50 к. Въ папкѣ 65 к.

Позняковъ, Н. „Блесточки", воспоминанія в разск. для дѣтей, съ рисун. М. 99 г., ц. 40 к. Въ папкѣ 55 к.

Потапенко, И. Н. Золотая медаль. Съ рисун. М. 99 г., ц. 50 к. Въ папкѣ 65 к.

Разинъ, А. Разоренный годъ. Истор. пов. изъ 1812 г. съ рис. Изд. 4-е, ц. 40 к. Въ п. 55 к.

— Гетманъ Степанъ Остраница. Ист. пов. Съ рис. Изд. 4-е, ц. 40 к. Въ папкѣ 55 к.

Разина. „Жизнь не для себя". Пов. для дѣтей, съ рис., ц. 30 к. Въ папкѣ 45 к.

Сергѣенко. Хитрецъ. Разск. для дѣтей. Съ рис. М. 99 г., ц. 30 к. Въ папкѣ 45 к.

— Галя. Повѣсть для дѣтей, съ рисун. ц. 1 р. Въ папкѣ 1 р. 25 к.

Сизова. Князь Вячко. Истор. пов. ц. 25 к. Въ папкѣ 40 к.

— Иванъ Кулибинъ, ц. 15 к. Въ пап. 25 к.

Смайльсъ. Путешествіе мальчика вокругъ свѣта.—„Жизнь въ Австраліи и переѣздъ черезъ Америку". М. 99 г., ц. 1 р. 25 к. Въ папкѣ 1 р. 50 к.

Смирновъ, Ил. Родное. Разск. для дѣтей, съ рис. 3-е изд. М. 1901 г., ц. 75 к. Въ пап. 1 р.

— „Подпасокъ". Разск. для дѣтей, съ рис. 4-е изд. М. 1901 г., ц. 40 к. Въ папкѣ 55 к.

— „Послѣ экзаменовъ". Разск. для дѣтей, съ 6-ю рис. М. 97 г., ц. 20 к. Въ пап. 35 к.

— „Дѣтскіе годы". Воспоминаніе дѣтства и юности. Изд. 2-е, ц. 80 к. Въ папкѣ ц. 1 р.

— „Школьные годы". Воспоминанія, съ рис. Изд. 2-е, ц. 80 к. Въ папкѣ 1 р.

— Все правда. Разск. для дѣтей, съ рис. М. 98 г., ц. 40 к. Въ папкѣ 55 к.

— Изъ дѣтской жизни. Разсказы для дѣтей, съ рис. Изд. 2-е, ц. 35 к. Въ пап. 50 к.

— Урокъ и др. разск. Съ рисунк., ц. 30 к. Въ папкѣ 45 к.

— Костя Рукавицынъ. Разск. Съ рис., ц. 40 к. Въ папкѣ 55 к.

— На приволье. Разсказы для дѣтей, съ рисун., ц. 40 к. Въ папкѣ 55 к.

Соловьевъ-Несмѣловъ, Н. А. „Маленькія дѣти". Раз. для мален. дѣт. Съ 40 рис. въ текстѣ. Изд. 2-е, Спб. 95 г., ц. 35 к. Въ пап. 50 к.

— „Дѣтскій мірокъ". Разск. изъ жизни дѣтей и окружающей ихъ природы. Чтеніе для дѣтей отъ 6 до 10 лѣтн. возр. въ трехъ отд., съ рис. Изд. 3-е. М. 1901 г., ц. 75 к. Въ папкѣ 1 р.

— Былинки. Разск. и сказ. для мален. дѣтей, съ 30 рис. М. 99 г., ц. 30 к. Въ пап. 45 к.

Соловьевъ, М. На улицѣ и дома. Разск. для дѣтей изъ сельскаго быта, съ рисунк., ц. 40 к. Въ папкѣ 55 к.

Сорокинъ, Ник. Всюду жизнь. Разск. для дѣтей изъ жизни и природы. Съ 20 рис. М. 99 г., ц. 30 к. Въ папкѣ 45 к.

Сталь. „Скользкій путь". Раз. М. 99 г., ц. 60 к. Въ папкѣ 75 к.

Станюковичъ, К. М. Разск. для дѣтей. Изъ морской жизни, съ рисунк. М. 902 г. Изд. 2-е, ц. 75 к. Въ папкѣ 1 р.

— Разсказы стараго боцмана, ц. 40 к. Въ папкѣ 55 к.

Сысоевъ, В. „Мотыльки". Разск. для дѣтей, съ рис. М. 98 г., ц. 45 к. Въ папкѣ 60 коп.

— Утреннія зорьки. Разск. для дѣтей. Съ рис. М. 1900 г., ц. 60 к. Въ пап. 80 к.

— Водяной мірокъ. М. 1901 г., ц. 20 к. Въ папкѣ 35 к.

— Бытовые разсказы. М. 1902 г., ц. 50 к. Въ папкѣ 65 к.

— Жизнь въ природѣ. Веселыя сказочки. М. 1902 г., ц. 30 к. Въ папкѣ 45 к.

— Наши враги и друзья. Очерки изъ жизни животн. и птицъ. Съ рис., ц. 80 к. Въ папкѣ 1 р.

Твенъ М. Принцъ и нищій. Пов. для юнош., съ рис. Въ папкѣ 2 р.

— Тоже прост. изд., ц. 75 к. Въ пап. 1 р.

— Приключенія Тома. Пов. для юношества, съ рис., ц. 2 р.

Тоже прост. изд., ц. 80 к. Въ пап. 1 р.

Тепловъ. Боецъ. Разск. изъ исторіи одной лошади. Съ рис., ц. 20 к. Въ папкѣ 30 к.

Уйда. Приключенія маленькаго графа. Разск. для дѣтей, перев. Н. И. Перелыгина, съ рис. 5-е изд. русск. М. 99 г., ц. 30 к. Въ папкѣ 45 к.

Фарраръ. Тьма и разсвѣтъ. Историч. ром. изъ временъ Нерона. Изд. 2-е. М. 1900 г., ц. 1 р. Въ перепл. 1 р. 50 к.

Черскій. „Искорки". Разск. и сказки для дѣтей, съ рис., ц. 30 к. Въ папкѣ 45 к.

— „Друзья". Разск. и сказ. для дѣт. съ рисунк. М. 99 г., ц. 35 к. Въ папкѣ 50 к.

— „Пенни́олло". Разск. съ рисунк., ц. 25 к. Въ папкѣ 40 к.

— „Дѣтскіе годы Шекспира". Съ рисунк. ц. 30 к. Въ папкѣ 45 к.

— Зайкины страхи, разск. и сказки съ рис. М. Михайлова, ц. 30 к. Въ папкѣ 45 к.

Чистякова-Вэръ. Разсказы для дѣтей. Изд. 2-е, съ рис., ц. 40 к. Въ папкѣ 55 к.

— Въ царствѣ радости. Сказки для дѣтей. Съ рисун. ц. 30 к. Въ папкѣ 45 к.

— Забыла и др. рассказы. Съ рисунк. ц. 40 к. Въ папкѣ 55 к.

Юрьева. Крутыя горки. Изд. 2-е. Съ рисунк., ц. 25 к. Въ папкѣ 40 к.

— На южномъ берегу Крыма. М. 1902 г., ц. 50 к. Въ папкѣ 65 к.

изъ жизни Князя Александра Невскаго. Съ
рисунк. ц. 30 к. Въ папкѣ 45 к.

Жоржъ-Зандъ. Похожденія Грибуля. Съ
рисун. ц. 45 к. Въ папкѣ 60 к.

Козлова. Поющій Камень. Кавказск. легенда. Съ рис. ц. 30 к. Въ папкѣ 45 к.

— Кольцо. Разсказъ. Съ рис., ц. 25 к.
Въ папкѣ 40 к.

Коринфскій, А. А. „На ранней зорькѣ".
Стихотворенія для дѣтей, съ рис. Спб. 96 г.
ц 50 к. Въ папкѣ 70 к.

Кругловъ, А. В. „Превращенія Зины".
Разск. для дѣтей младш. возр., съ рис., изд.
2-е М. 900 г. ц. 30 к. Въ папкѣ 45 к.

— „Всѣ прiятели". Разс. для дѣтей младш.
возраста, съ рис. Изд. 3-е М. 1903 г. ц.цѣна
30 к. Въ папкѣ 45 к.

— Далекое Рождество. Изъ дѣт. вос., съ
рис. Изд. 2-е М 99 г. ц. 30 к. Въ пап. 45 к.

— „Въ гостяхъ. Въ Крыму". Очеркъ. Изъ
раз. прiят.Изд.2-е, съ рис. ц.20 к. Въ пап.35 к.

„Котофей Котофеевичъ". Пов. для дѣтей, съ рис. Изд. 3-е. ц. въ пап. 1 р.

— „Первое говѣнье" (изъ дѣтскихъ вос-
поминанiй). Съ рис. Изд. 2-е. М. 900 г.
ц. 40 к. Въ папкѣ 55 к.

— „Изъ золотого дѣтства". Повѣсть для
дѣтей въ 55 рисун. въ текстѣ. Изд. 4-е.
М. 1903 г. ц. въ папкѣ 1 р.

— „Разные разсказы". Для дѣтей школ.
воз. 2-е изд. книги (Подарокъ на елку).
Съ рис. М. 98 г. Въ папкѣ 1 р. 25 к.

— „За чужимъ горбомъ". Пов. для дѣтей. Съ рис. ц. 80 к. Въ папкѣ 1 р.

— Надаръ и Ода. Пов. для дѣтей. М.
1901 г. ц. 30 к. Въ папкѣ 45 к.

— Разными дорогами. Пов. для дѣтей
Изд. 2-е М. 1901 г. ц. Въ пап. 1 р. 25 к.

— Сердобольныя. Разск. М. 901 г. цѣна
25 к. Въ папкѣ 40 к.

— На скользкомъ пути. Разск. для дѣтей
съ рис., ц. 30 к. Въ папкѣ 45 к.

Кругловъ и Догановичъ. „Маша". Пов.
съ рисунк. М. Михайлова. Изд. 3-е. ц. 40 к.
Въ папкѣ 55 к.

Лаухина. М. „Крысанка разбойникъ".
Пов. для дѣтей. Съ рис. ц. 80 к. Въ пап. 1 р.

— Соловейко. Разск. для дѣтей. Съ рис.
ц. 25 к. Въ папкѣ 40 к.

— Свѣтлые дни. Разск. Съ рис. ц. 25 к.
Въ папкѣ 40 к.

— Прiемышъ. Повѣсть изъ жизни одной
дѣвочки, ц. 35 к. Въ папкѣ 50 к

Леббокъ, Дж. „Красоты природы и ея
чудеса" Перев. съ англ. Изд. 2-е М. 1902 г.
ц. 65 к. Въ папкѣ 80 к.

Лукашевичъ. Свѣтлячокъ. Разсказы, сказки и сценки для мал. дѣтей. Съ рисунк.
М. 98 г. Въ папкѣ 80 к.

Лукьяновскiй. Русск. народн. сказки и
былн. Съ рисунк., 2 т., ц. по 80 к. Въ пап.
по 1 р.

— Сказанiе о томъ, какъ построена церковь Трифона. ц. 20 к. Въ папкѣ 30 к.

Лѣсничiй, Ан. Приключенiя Ивасека, малеи
хохла. Поэма въ стих. Съ рис. Изд. 2-е.
М. 96 г. ц. 30 к. Въ папкѣ 45 к.

Любичъ-Кошуровъ. Въ царствѣ пчелъ и муравьевъ. Нов. Съ рис., ц. 30 к., въ пап. 45 к.

— „Подкидышъ". Разсказъ изъ жизни
птицъ. Съ рис. 30 к. Въ папкѣ 45 к.

— Во имя любви, разск. Съ рисунк.
ц. 25 к. Въ папкѣ 40 к.

Любичъ-Кошуровъ и Медвѣдевъ. Въ стойлахъ. Изъ жизни лошадей. Съ рис. ц. 35 к.
Въ папкѣ 50 к.

— „Друзья-прiятели". Разсказъ изъ жизни животн. Съ рис. ц. 75 к. Въ пап. 1 р.

Львовичъ, В По родному краю. Сборникъ
статей по отечествовѣдѣнiю. Книга для
чтенiя въ школѣ и дома. М. 1902 г. ц. 1 р.
Въ папкѣ 1 р. 25 к.

— Народы русскаго цар-ства. Сборникъ
статей по этнографiи. Книга для чтенiя въ
школѣ и дома. Съ рисунк. въ текстѣ. М.
1902 г. ц. 2 р. Въ перен. 2 р. 50 к.

Маутнеръ. Исторiя бѣднаго Тели. Прикл.
маленькаго словака, ц. 30 коп. Въ папкѣ
40 к.

Медвѣдевъ, Л. Первые шаги. Разск. для
дѣтей. Съ рис., ц. 30 к. Въ папкѣ 45 к.

— Изъ жизни писателей. Воспом. для
дѣтей, ц. 45 к. Въ папкѣ 60 к.

— Господинъ Котикъ. Разск. Съ рисунк.
ц. 30 к. Въ папкѣ 45 к.

— Въ гимназiи. Страв. изъ воспоми-
нанiй, ц. 1 р. 25 к.

Митропольскiй, Ив. Изъ жизни. Разск.
для дѣтей, съ рис. М. 99 г. ц. 40 к. Въ
папкѣ 55 к.

— „Рыцарь". Разск. изъ исторiи одного
медвѣдя. М. 1900 г. ц. 25 к. Въ пап. 40 к.

— Сторожъ и др. разск. съ рис. М. 902 г.
ц. 30 к. Въ папкѣ 45 к

— Артемовы питомцы (Три арапченка).
Разсказъ. Съ рис. ц. 30 к. Въ папкѣ 45 к.

— Ѳедоръ Коробейникъ и друг. разск.
Съ рис. ц. 30 к. Въ папкѣ 45 к.

— Тяжелый годъ. Разсказы изъ 1812 г.
Съ рисунк., ц. 40 к. Въ папкѣ 55 к.

— Муравьи спасители и др. разск. для
дѣтей, съ рисун., ц. 30 к. Въ папкѣ 45 к.

Монгомери. Его не поняли. Повѣсть для
дѣтей. М. 901 г. ц. 45 к. Въ папкѣ 60 к.

Мюзереръ. Пережитое. Воспом. Съ рис.
ц. 50 к. Въ папкѣ 65 к.

Николаевъ. Палестина. Геогр. очеркъ,
ц. 20 к.

Цѣна **80** коп. въ папкѣ **1** руб.